HANDBOOK OF
FRENCH RENAISSANCE DRAMATIC THEORY

FRENCH CLASSICS
Extra Series
General Editor : EUGÈNE VINAVER

HANDBOOK OF FRENCH RENAISSANCE DRAMATIC THEORY

BY

H. W. LAWTON

GREENWOOD PRESS, PUBLISHERS
WESTPORT, CONNECTICUT

Library of Congress Cataloging in Publication Data

Lawton, Harold Walter, ed.
  Handbook of French Renaissance dramatic theory.

  Reprint of the 1949 ed., issued in series: French
classics. Extra series.
  Bibliography: p.
  1. Drama. 2. French drama--16th century--History
and criticism. I. Title. II. Series: French
classics. Extra series.
PN1631.L33 1972   808.2   72-6199
ISBN 0-8371-6457-5

Originally published in 1949 by Manchester University Press,
Manchester, England

Reprinted with the permission of Manchester University Press

Reprinted by Greenwood Press,
a division of Williamhouse-Regency Inc.

First Greenwood Reprinting 1972
First Greenwood Reprinting 1974

Library of Congress Catalog Card Number 72-6199

ISBN 0-8371-6457-5

Printed in the United States of America

PREFACE

This book assumes a knowledge of Aristotle's *Poetics* and of Horace's *Ars Poetica*, both of which are easily accessible. It attempts to gather together the most important (and some less important) statements of dramatic theory by French writers of the sixteenth century. It begins, however, with extracts from the writings of Donatus and Diomedes who, the former especially, wielded an immense influence on the formation of the dramatic doctrines of the Renaissance, as a perusal of the later extracts will readily show. It ends with the often mentioned but little read preface by François Ogier to the *Tyr et Sidon* of Jean de Schelandre ; the inclusion of this late work is justified by its importance as a statement of anti-regular reaction. Extracts from the even more frequently mentioned Scaliger will be found in an appendix.

From the texts are omitted the constantly recurring passages of speculation on the etymology of the words " tragedy ", " comedy " and " drama ", and on the early history of the Greek theatre, except where some point of dramatic theory is involved. The texts are given with as little alteration as possible : the modern use of I and J, U and V has been adopted and accents have been added or altered where misunderstanding might arise. More radical changes are mentioned in the notes.

The Latin texts are given, as far as possible, in the form in which they were known to the sixteenth century, with a minimum of emendation (or corruption !). These texts are frequently obscure. The translations which accompany them could have been freer and more flowing and, incidentally, have thus skated over some of the difficulties ; a fairly close version has been preferred, even at the risk of some stiffness. Suggestions for improvement of the translations or of the book as a whole will be welcomed.

The notes have been kept to moderate dimensions. The

footnotes lettered *a*, *b*, *c*, etc., in Latin texts are usually of a critical nature and are placed at the end of the text ; those numbered 1, 2, etc., in the translations are usually explanatory and will be found at the end of the translation.   This arrangement makes it possible to keep text and translation face to face.   In general, no attempt has been made to trace the relationships between one author and another ; that is an exercise which should prove easy and useful to the student. A short bibliography suggests some general lines of reading.

It is, of course, important that the theory given here should not be divorced from the practice of sixteenth-century dramatic authors.   In this respect Lanson's *Esquisse d'une histoire de la tragédie française* will prove a valuable guide.

Finally, I should like to express my gratitude to my colleague, Professor G. F. Forsey, for his willing and invaluable suggestions on the text and translation of the Latin authors.

H. W. L.

SOUTHAMPTON.

CONTENTS

INTRODUCTION

There can be no straightforward history of the development of the French Renaissance theatre. It is only in perspective that we obtain an impression of continuous and successful effort to substitute for the old genres of farce and morality the classical ones of tragedy and comedy. The Renaissance, a vague period with indeterminable beginning and end, had in France in the latter half of the sixteenth century an intense flowering, whose brilliance, to some extent real, to some extent imposed upon our imaginations by the self- and mutual-advertisement and glorification of the writers and artists, makes us forget only too easily the more humdrum background of continuous tradition. In the realm of the theatre even this blossoming was sporadic ; an isolated piece or group of pieces appeared here and there, but the four centuries which separate us from them make these scattered sprays assume the appearance of a compact bouquet.

Moreover, the history of the French theatre in the sixteenth century is full of doubts and problems, some of which are discussed, other merely indicated, in the pages which follow. Let us get our perspective right first. It is very easy to think of the French neo-classical theatre springing suddenly into existence with the performance of Jodelle's *Eugène* and *Cléopâtre* in 1552 and merging gradually into the more finished theatre of Corneille, Molière and Racine. Such a view is, of course, too summary. While the enthusiasts of the Pléiade and its followers were striving to create a French theatre modelled on that of the Ancients, others, like De Bèze and Des Masures and Jean Bretog, were attaching the labels of classical terminology to works which differed from the

ix

traditional French genres more by their length than by their structure and inspiration, while others again were writing farces and moralities as if the Ancients had never been rediscovered. Further, the end of the century saw a departure from the classical models and the reappearance of an " irregular " drama which reached its greatest heights with Alexandre Hardy.

Jodelle's " regular " plays were not entirely the revolutionary bombshell that we are sometimes apt to think them. Some ancient drama had already been translated into French and, as for theory, in 1548, a few months before the appearance of Joachim du Bellay's *Deffence* and some four years before Jodelle " founded " the French neo-classical drama, Thomas Sebillet had written as a man accepting the old dramatic genres as the natural expression of the French mentality, but already touched by humanism and comparing, a little wistfully, the indigenous products with the vaunted artistic achievements of the Greek and Latin writers. Implicit in his simple paragraphs are all the problems which confronted the reformers of the dramatic art : subject, form, technique, performance. In Sebillet there is no blind enthusiasm for the ancient theatre, no offhand condemnation of the native types. It was because there were many like him that the old French genres survived till the end of the century, under their own names or masquerading as comedy and tragedy, that they sometimes coalesced with the neo-classical conceptions to produce works of mixed character, and finally that such a mingling, harmonizing with the effects of Italian influence, produced the marked divergences from " regular " patterns at the end of the sixteenth and the beginning of the seventeenth century.

Other writers, however, were expressing themselves much more strongly about the farce and the morality.

In 1542, for example, Charles Estienne, introducing his translation of Terence's *Andria*, had said that he was offering his work to the public in order that it might learn to appreciate the ancient author's talent and method :

> Faulte duquel entendre, et la maniere qu'il avoit à bien disposer et ordonner le sens, et la matiere dont il escripvoit, nostre vulgaire du jourdhuy est tumbé en telle ignorance et cecité, que ce qu'il faict pour le present en telles matieres, ne sent riens moins que sa comedie.

The same author published in 1543 his translation of an Italian comedy under the title of *Le Sacrifice* (in later editions more correctly *Les Abusez*) ; in his dedicatory epistle to the Dauphin, he expressed himself even more forcibly :

> Je ne puis assez loüer (mon Seigneur) la coustume des anciens, en leurs Comedies, qu'ils apelloient nouvelles ; et la façon de disposer et poursuyvre leur sens et argument en icelles, pour donner recreation aux auditeurs. Laquelle maniere, si jusques à nous ce jourd'huy estoit parvenue, je ne croy point que ne fussions aussi heureux en ce cas qu'ilz estoient, consideré que nostre langage tant pour exprimer, comme aussi pour aorner et decorer quelque chose, n'est de riens pour le present inferieur au leur : combien que pour la plupart du leur soit descendu. Mais à ce que maintenant j'en apperçoy, nostre rude vulgaire a fort sincopé la maniere ancienne en matiere de comedie : ou pour autant qu'elle luy sembloit de trop de fraiz, ou possible pource qu'il ne l'entendoit point bonnement, de sorte que pour nostre Comedie vulgaire, n'avons retenu qu'un acte simple de leur Comedie nouvelle : n'ayants encor' observé la maniere de taire et suplier, ce que facilement sans exprimer se pourroit entendre : qui est un des poinctz en quoy les anciens facteurs mettoient plus de peine : dont est avenu, qu'en plusieurs de noz comedies ne se trouve sens, rithme, ne raison, seulement des paroles ridicules, avecq' quelque badinage, sans autre invention, ne conclusion.

Estienne then proceeds to a description of the ideal

theatre and a discussion of dramatic theory which will be found in a later page.

There, then, in the years preceding Du Bellay's manifesto and Jodelle's first plays, are two authors, one content to maintain the old genres, with a glance of comparison at the classical theatre, the other longing for a thorough revival of the ancient drama and finding in the traditional French comic theatre little more than fooling.

Let us now survey the drama of the French Renaissance briefly under three heads : the aims and theories of the neo-classical writers ; the preparation for the creation of a " regular " theatre ; and the relations of theory and practice.

The aims of the innovators were to create a theatre which should vie with that of the Ancients and that of the Italians, and to substitute it for the " vulgar " traditional theatre both serious and comic. This was to be achieved by the study of ancient and Italian models, by the reduction of the fruits of this study to rule and precept, by imitation of the form, subjects and methods of the models and by emulation of the striking results already realized by the Italians. Not by any means all of the drama of the Ancients was as yet available for study ; the text of many plays available was so corrupt that even an Erasmus could be dismayed by the extent and difficulty of the task of interpreting them. Much emphasis was laid, as a result, on works of theory and on commentaries designed to clarify and explain the texts.

The dramatic theory of the Ancients, so far as it has come down to us, derived ultimately, for all practical purposes, from Aristotle's *Poetics*, but the direct influence of this work in France was small until the last third of the sixteenth century. Other authorities, more accessible because they wrote in Latin, exercised a real influence. Horace's *Ars Poetica*, ill organized and often obscure, was

sufficiently clear to point out the most important principles : the distinction of the tragic and comic kinds in
style and treatment ; the choice of suitable subjects ; the
unsuitability of certain incidents for representation on the
stage ; the necessity for beginning *in medias res* ; the types
of character suitable ; the need for narration ; the
division into five acts ; the restriction of the number of
interlocutors ; the functions of the chorus ; the choice
of metre ; the need for imitating old masterpieces ; the
mingling of the pleasurable and the profitable ; and the
need for criticism.

But the influence of Horace himself paled before that
of Aelius Donatus, whose authority was backed by the
almost universal use of his *Ars Grammatica*, the " Donat "
so frequently referred to in the Middle Ages and early
Renaissance. This scholar had compiled commentaries
on five of the six comedies of Terence, which were printed
in innumerable editions from 1470 onwards, and a
treatise *De tragoedia et comoedia* which, too, appeared in
nearly every edition of Terence printed in the sixteenth
century as well as separately. These were the writings
that served as basis not only to most of the Terence commentaries published in the Renaissance, but also to the
majority of works on dramatic theory in general.

There is in the treatise much repetition and dis-
organization ; it has, indeed, come to us mutilated and
contaminated. It deals first with the religious origins of
the drama, the decay of the Old Comedy and the rise
of the New, which is defined. From Menander it passes
to the rise of the five-act division and the loss of the
chorus in comedy. Thence to Terence : his use of the
prologue, which Greek comedy had not used thus ; of
the " protatic " personage who, after serving for the
exposition of the subject and situation, appears no more
on the stage ; of a style approaching prose ; his care and

originality in the treatment of character ; his unity of
tone and his care to avoid a mixing of the kinds ; his
unity of construction and the justification of his double
plots. Donatus then passes to one classification of
comedy : *togatae, praetextatae*, etc., before studying the
distinction between tragedy and comedy. Another
classification of comedy follows : *motoriae, statariae*, etc.,
and then the division of the comedy into prologue,
protasis, epitasis and catastrophe. Then, somewhat con-
fusedly, are further definitions and descriptions of the two
kinds of drama, a consideration of play-titles, various
types of prologues, the parts of the comedy and a description of correct costumes. The commentaries on the plays
of Terence provide not only a running clarification of
word meanings, grammatical constructions and parallels,
but also a most useful compendium of dramatic criticism
with examples to hand.

The lead of Donatus and, to a less degree, of Diomedes
(another grammarian, whose works, first printed in 1475,
were often reprinted during the sixteenth century) was
followed by a host of humanists who produced treatises
and commentaries. Among those who may have in-
structed French dramatic writers we need only mention
Guy Jouvenneaux (Guido Juvenalis), whose commentaries
on Terence, following Donatus closely, were frequently
printed between 1492 and 1580, and Josse Bade (Jodocus
Badius Ascensius), a scholar-printer whose annotations to
Terence, first published at Lyons in 1493, were supple-
mented in 1502 by businesslike *Praenotamenta*, much
thought of up to the middle of the century and well worth
consulting as giving in simple form what was known of
the ancient theatre at the beginning of the sixteenth
century. These *Praenotamenta* are derived from Donatus
and Diomedes.

As the century proceeds, the theorists multiply. They

wrote in Latin, Italian and French. From Italy came the treatises of Trissino (1529 and 1563), Daniello (1536), Muzio (1551), Cinthio (1554), Minturno (1559 and 1564), Tasso (1587), Denores (1588) and Castelvetro's Italianized Aristotle (1570) ; from Antwerp the work of Viperanus (1579) and from Lyons the celebrated Latin work of Scaliger (1561). Of all these the last had eventually most influence or notoriety in France, but not effectually until the seventeenth century. Scaliger himself was, however, known to the Pléiade group and may have discussed with them his ideas on the dramatic art. On the whole he follows in the steps of his predecessors, but, going back, as they did not or could not, to the Aristotelean source, he makes a more rigorous analysis, discusses more fully the implications of Aristotle's recommendations and preferences, with which he does not always agree entirely, and produces a stricter formulation of precept and definition.

In the meantime French theorists had been active. Lazare de Baïf's *Diffinition*, the earliest French statement on the neo-classical theatre, is a valuable if slight beginning. It is natural that, for some time, the theorists should make their contemporary theatre, with its moralities and farces, the term of comparison with what they were gradually learning about the ancient drama, whether, like Charles Estienne, they used the comparison to condemn the native genres or, like Sebillet, to attempt a kind of theoretical assimilation. Estienne, following Donatus, distinguishes the classical genres, emphasizes their moral value and proceeds to the interior organization in clear terms. Sebillet's case is interesting in that, just before the appearance of the Pléiade's manifesto, he puts forward a whole theory of poetry which, while showing · considerable misunderstanding of the classical forms, is in some respects an enlightened attempt to find a *modus vivendi* between the old and the new. De Bèze's curious and moving *Abraham* is, too, an essay in accommodation : the structure of the piece is unclassical in the Horatian sense, but, its matter partaking of both tragedy and comedy, its intention being serious and edifying, its general drift pathetic, its characters illustrious, its author claims for it the name of tragedy. He is only one of many to seek thus to accommodate in one way or another classical precepts or terminology to unclassical procedure.

Du Bellay's contribution to dramatic theory is precise, if small, and clearly indicates the road which the Pléiade judged the right one. While Jodelle insists on the originality and Frenchness of his comedy, he rejects the morality and farce and is clearly the disciple of the Ancients in the general structure of his *Eugène*, whatever may be said of the subject-matter. In his tragedies the imitation of Senecan models is obvious. Jacques Peletier, Ronsard's mentor, follows Donatus and deals with the distinction of the genres, the parts of play-structure and the models to be followed. Grévin follows the general line, but insists on the right to depart from the ancient norm in certain particulars of detail in order to conform with modern tastes ; he finds for the farce, which he nevertheless repudiates, an ancient origin ; he claims freedom to use convincingly popular language in the mouths of comic characters and local events in his plots.

Rivaudeau's somewhat truculent *Avant-parler* is essentially Aristotelean ; it refers the inquiring reader to the Greek's " little treatise ", but denies his right or competence to legislate for French tragedy. He clearly formulates the unity of time and mentions the often-recurring problem of that unity in Terence's *Heautontimo-rumenos*. It is no less interesting to note that he had heard of Scaliger's " big volume ", but had not read it.

In the swelling stream of classical—and now Aristo-

telean—theory, the *Epistre* of Des Masures seems singularly
feeble and retrograde, whatever excuses may be made for
it from the religious point of view.   Indeed, his defence
of his use of the word " tragedy " savours of false pre-
tences.   His " classicism " is shallow and superficial ;
his real object is propaganda and he achieves his end
effectively and with fine poetry and imagination, but his
works are not tragedies.

With Jean de la Taille's remarkable treatise we return
to the main stream.   He develops more fully than any
of his French predecessors the theory of the tragedy,
discriminating between true and false tragic subjects,
dealing out criticisms of known plays as he goes.   He
lays down the unity of time and, for the first time in
French, the corollary of the unity of place.   He insists,
as none other had done so forcefully, on the principles
of *bienséance* and verisimilitude in performance, taking an
eminently practical view of the reasons for not enacting
horrors ;   and he has the courage to declare that the
distinction of tragedy and comedy by mere ending is over
simplified and misleading.   This work is perhaps the
most important French treatise on tragedy in the whole
of the sixteenth century.

Larivey takes us over to comedy, his chief contention
being the right to use prose as the comic vehicle, though
he was not the first to use prose thus, even in France.
His main argument is that of *vraisemblance* and he takes
cover under hypotheses about certain ancient comedies,
certainties about some Italian.   D'Amboise, expressing
the usual views on the edifying value of comedy, insists
that it may legitimately use suitable true themes from
contemporary happenings, in spite of the orthodox view
that comic plots should be entirely invented and that it
was tragedy's prerogative to have a basis of historical
truth.   Whether the frequent claims that sixteenth-

century French comedies were so inspired were true or not, the plays produced bore a remarkable family likeness !

Ronsard treats of the theatre only incidentally and we must not expect too much of him ; he does, however, state clearly some of the most important precepts, including the time unity. There is nothing new in Matthieu's dialogue, nor in Perrin's insistence on the essentially French nature of his comedy, nor yet in Godard's use of his prologue to note the complementary utilities of tragedy and comedy.

Pierre de Laudun's *Art Poëtique* is a curious mixture of Donatus, Scaliger and Viperanus, with what looks at first sight like a dash of Sebillet in his remark that comedy is, after all, a kind of morality, touching, as it does, morals and manners. There are in it patent misunderstandings, as in the Archelaus anecdote, some bluster and bluff, but also some originality, not without daring, as in the argument on the number of characters allowable and even more so in his treatment of the unity of time.

The *Art Poetique* of Vauquelin may be regarded as a summing-up of Pléiade theory. Like Horace's poem, it is ill arranged, jumping from kind to kind and leaving the reader occasionally in doubt whether the poet is dealing with dramatic or with narrative compositions. To the usual matter he adds some information, if only incidentally, on the tragi-comedy, and he may well have startled his more orthodox readers by his contention (III, 507 ff.) that a farce based on true observation of life is worth more than a vapid and artificial comedy, however regular, and by his wish (III, 881 ff.) that a real Christian tragedy would arise.

Ogier's remarkable preface needs no explanation ; it speaks very vigorously for itself. It is the best and clearest exposition of the anti-regular feeling that runs like a thread through the sixteenth century. The attack on the rigid application of the rules, particularly the unity of time, is made in the name of verisimilitude ; it is made convincingly, forcefully, but without vituperation. Indeed, Ogier's attitude to the Ancients is respectful and admiring, but not that of a worshipper blinded by the glory of their mere antiquity. This is a truly original work, and though in a sense it is a special plea, it deals with the general problems of the theatre with clarity, sense and insight.

These writings, taken as a whole, give us a simple body of doctrine, in spite of individual divergences which become more common towards the end of the period. The drama was an action represented on the stage   it was essentially poetical and was to maintain unity of tone, of action and of time. It was instructive in character and should be sententious. The outward division into five acts should reveal rather than conceal an inner tripartite organization into exposition, development and *dénouement*. Tragedy was a portrayal in action of the afflictions of the great ; its beginnings were joyful and easy, its end mournful and lugubrious. Comedy, which had a prologue in addition to the five acts, was the exact opposite of tragedy : it portrayed the amorous complications in the lives of ordinary citizens ; its beginnings were entangled and uneasy, its end joyful. Both genres, as mirrors of life in their differing ways, were to be convincing, but not all subjects were suitable for portrayal on the stage, nor were all the incidents even of a suitable subject. The plots of tragedy were to be founded in history or accepted tradition ; those of comedy were to be fictitious. The action should begin *in medias res* and must, as a result, be concentrated. The characters must be consistent and appropriate, their actions and speech suitable. Indeed, all the main points of the dramatic doctrine of the seventeenth century were foreshadowed.

What was the preparation for the creation of this new French theatre ?   The significant stages are well known : the adoption of the classical terminology and the investigation of its real meaning led to the idea that the works must be played ; the translation of ancient and of Italian tragedies and comedies provided models for imitation ; imitation and emulation were to produce original works in French.

The investigation of the true meaning of the classical terms was not the work of a moment ; it is clear that terms were often used without a real understanding of their significance, but by the end of the century, indeed by the 'sixties, the main work was done.   The history of the translation of ancient and Italian dramas belongs to the general history of the French theatre.   As for the models, we must look a little more closely at them.

In tragedy the works of Seneca were more intelligible than those of the Greeks ; in comedy, Terence was more intelligible and more palatable to the innovators than Plautus or Aristophanes.   In both kinds, the achievements of the Italians offered the French dramatists easier models to imitate ; the Italian models themselves had found Seneca and Terence preferable to the Greeks for practical purposes.   Now it is always easier to imitate an imitation than an original, just as it is easier to draw a landscape already reduced to two dimensions by the camera than the three-dimensional scene itself.   This imitation of the Italians, while the imitators paid lip-service to the Ancients, was not as hypocritical as it might appear ; it was an imitation of the Ancients through a simplifying medium and, as we shall see, it affected French Renaissance drama profoundly.   It helped to make tragedy rhetorical, comedy complicated.

There was another influence at work too : the creation of a more or less regular drama in Latin, of plays more or less original written by scholars and humanists and based, as was natural, on Seneca and Terence rather than on Euripides and Aristophanes. Hence, perhaps, the air of pedantry that runs through much of the drama of the Renaissance.

A third point is that many or most of the dramatists were youthful, eager, ambitious and, not surprisingly, insufficiently equipped with experience of life or discrimination. Their works are in a sense violent, excessive, and, what is more important, superficial in their imitation of the great models. It is little wonder that the sixteenth-century theatre has few real masterpieces and that the stage of original work was barely reached.

When we turn from pure theory to the works produced, we can supplement our ideas of the effective dramatic theory of the period and find much to compare or contrast with the fuller understanding of the ancient principles of the dramatic art, though still in some senses incomplete, which we find in the seventeenth century.

The emphasis on the moral and didactic aspect of the theatre led to the use and abuse of moral " sentences " and maxims. Terence's comedies were a mine of these commonplaces, which were stuffed into French comedies and only slightly less assiduously into tragedies. What may appear to us the most immoral play is full of such moral quotations from one or other of the ancient writers and the maxims are often brought into prominence by their enclosure in quotation marks.

The choice of Seneca as the model in tragedy led to an important and lamentable development in the character of the genre : it became lyrical or rhetorical rather than dramatic. Sixteenth-century French tragedy had, for the most part, no action, but consisted of narrations, monologues and tirades, with occasional bursts of stichomythia. The sufferings of the tragic personages were talked about rather than portrayed ; the subjects of tragedy, chosen chiefly from classical antiquity or from the Bible, with rarely a modern theme, were selected and treated in such a way as to emphasize the pathetic rather than the tragic, the victim rather than the destiny which overtook him. Some tragedies, in fact, were little other than dramatized elegies.

In form, tragedy followed the precepts : five acts, separated by choruses ; division into exposition, and so on. The treatment was imitative : the machinery of the ancient theatre and particularly of the Senecan tragedies, gods, ghosts and messengers ; the long preliminary monologue in almost every act ; the reduction of the subject, wherever found, to the formulas of the models ; the observance in general of the unities of place and time, but with some difficulty or evasion. The chorus, as in ancient drama, could take part in the dialogue, as well as comment sententiously on the action at the end of the act. The language was lofty, frequently stilted and grandiloquent in its efforts to be sublime.

If Terence had remained the uncontaminated model of comedy, the genre would have remained a quiet portrayal of complications in private lives, but the influence of the Italian models substituted a bustling intrigue of disguises, mistaken identities, imbroglios and recognitions. The native taste for the farcical creeps in here and there— it is strongly marked in Jodelle's *Eugène*—but merges with some new tendencies in satire, for instance, the satire on the Italian braggart in Grévin's *Les Esbahis* at a time when increasing Italianism at Court was becoming a source of resentment in Paris. Imitation of Italian models was not merely for its own sake, but was the imitation of ancient models through the Italian medium and it enabled French comedy to combine elements from antiquity with others from the Commedia dell'Arte and with still others from the French farce. Such characters as the severe or the understanding old man, the cunning and resourceful valet, the scheming or simple chambermaid, the pander, the parasite, the boasting soldier, could be found in ancient as well as in Italian comedy ; the pedant, a frequent comic figure in French Renaissance comedy, had already appeared in the Commedia dell'Arte and in the French farce. But Italian comedy, whether dell'Arte or sostenuta, had developed the complexity of intrigue until it had become a *sine qua non* of the comic play. The *fait-divers* became a source of inspiration, but the essential truth of situations founded on real events was too often obscured by the use of conventional characters in what, in consequence, wear the appearance of conventional situations. Nevertheless, this relative nearness to life (even if the event was unusual), combined with the familiar language employed and the necessity for more rapid movement and busier by-play, endowed the comic theatre with a vitality that the tragic could hardly possess.

In form, the Terentian model and the precepts of Donatus were followed, but often, as has been said, through Italian media. The prologue was most frequently used as Terence had used it, to expound his views or confound the critics. The rest of the play, in five acts, could easily be divided into exposition, development and *dénouement*, the last usually taking the form of a recognition and its consequences.

The verses used for tragedy were normally the decasyllable or the alexandrine, with various lyrical metres for the choruses. In comedy the octosyllabic line was the standard until considerations of *vraisemblance* introduced prose. At the end of the century, however, we find lines of eight, ten and even twelve syllables.

It was perhaps the superior vitality of comedy which, in concert with further Italian influences and with the survival of farce and morality in the provinces, produced the irregular and decadent theatre which characterizes the interval between the Renaissance and the Classical Age. One form of irregularity could claim some authority from antiquity : the tragi-comedy, which was established in France with Garnier's *Bradamante* (1580). In the tragedy itself, however, transformations were taking place, so that the term was not always strictly applicable to the plays that bore it. The subjects came to be taken less from antiquity than from biblical and hagiographical themes or from Italian romances. The acts were not confined to five in number and the choruses separating them disappeared—no great loss dramatically—the supernatural was introduced in increasing measure and tragedy borrowed from comedy some of its complication of intrigue and variety of action. The unities of tone, time and place were neglected or disregarded along with the unity of action. The lighter theatre introduced pastoral or mythological themes, reduced its action, abandoned the exterior form of prologue and five acts, emphasized the sentimental and pathetic, complicated the data when it could not complicate the plot (e.g., the tangled skeins of love in the pastorals : A loves B, who loves C, who loves D, who . . . etc. . . . loves A), and gave a home to romantic elements of all kinds. Platonism, which had replaced and modified the old *esprit courtois*, the authority of the pastoral poets from Theocritus and Virgil onwards, the vogue of the romancers (Sannazaro, Tasso, Guarini, Montemayor), these combined to produce the success of the pastorale. And all these tendencies led to Hardy and Hardy eventually led to *le Cid*.

There is a problem which so far we have barely touched : the performance of the plays. It has been amply debated—the works of Lanson and Rigal form the basis for any discussion—and it would be rash to attempt a solution here.   A long list of performances can be made, but of the manner of performance there is little known for certain.   Those given in the mansions of princes and nobles were no doubt arranged with magnificence and even ostentation, observing as far as possible, perhaps, the prescriptions made by Serlio after Vitruvius.   At the other end of the scale, the provincial performances might have been carried out on wagons or hastily prepared platforms with little or no scenery or before curtains draped on three sides of the stage, or else—and many of the plays seem to indicate it—with a multiple décor inherited from the confraternities who had performed mysteries and moralities.   Somewhere between the two extremes came the college or school performances, which account for a large proportion of the performances known.

To eyes accustomed to twentieth-century stagecraft, many of the plays seem little suited to performance. " Tout est jouable ", says Lanson, while Rigal retorts that most Renaissance tragedies could not be played, but could be recited.   This point of view appears to be sound. While it is extremely difficult to imagine the *acting* of the actionless tragedies of Jodelle, Grévin, the early Garnier or Montchrestien, it is easy to visualize a stage on which the actors, with conventionalized or extemporized attitudes, declaimed their interminable tirades or hurled at one another the clashing phrases of stichomythia.

On the other hand, there are " stage directions ", sometimes printed *en manchette*, sometimes inserted in the dialogue ; there are formulas embodied in prologues and prefaces which seem to indicate that the plays were seriously intended for performance.   It is easy to be misled by these things and to suppose that all plays which contain them were played or intended to be played.   One may suppose that any dramatic author would hope for performance, but many of the pieces of our period savour more of the literary exercise than of the stage. At any rate, a pedagogue who wrote a play could always get his pupils to perform it and, if it smacked more of literary formulas than of dramatic qualities, the good bourgeois who applauded it probably had their eye rather to the efforts of the scholars and memories of their own past prowess than to the dramatic excellence of what they were witnessing.

In the seventeenth century, greater minds and talents than any of the sixteenth-century dramatists again rescued the classical genres from extinction. Their success, where the sixteenth century had failed, was due to many things : the transformation of society and of the nation ; the pacification of France and the establishment of a central authority ; ampler leisure for wider and deeper study of the Ancients ; literary discussion and examination of theory and practice ; gradual but real improvement in the state of the texts of the models ; the rise in the general level of culture ; the development of a popular critical faculty ; but, above all, the superior genius of Corneille, Molière and Racine, their insight into human nature and the emphasis which they laid upon it rather than upon bookish models.

The exuberance and ebullitions of the Renaissance had died down and were replaced by a calmer and more moderate outlook. The fundamental classical principles of simplicity of form and universality of interest were established. Men and not books were the objects to be studied, copied and put on the stage. And, paradoxically enough, in doing all this, the great playwrights of the seventeenth century were closer to the great models, Sophocles, Euripides and Terence, than were the less free imitators of the preceding age.

One further comparison remains to be made : the English theatre. England had its Senecan tragedies, its

Plautine and Terentian comedies, but, in spite of theorists, the English writers, refusing to accept theories at their face value, stuck in the main to a theatre more in harmony with the national temper. Less logical than the French, the English combined more readily the most conflicting opposites of tone ; they adopted and practised the archaic, the pastoral, the euphuistic and the classical. They wrote farces, farcical comedies, tragi-comedies on ancient and modern themes ; they refused to be harried by theorists into any semblance of orderly evolution. Characteristically enough, this muddle produced a Shakespeare.

In France the drama as Hardy conceived and wrote it might have evolved into a type not unlike the Shakespearian, but the minds of Corneille, Molière and Racine had been moulded in a tradition influenced by, indeed, largely determined by, the efforts and strivings of the preceding century, however artificial, bookish or removed from the vulgar those efforts had been. The drama of the *Grand Siècle*, like that of Shakespeare, found its life and virtue in contact with mankind ; the theatre of the French Renaissance, with its horror of the *profanum volgus*, had too often neglected mankind for literary and even pedantic models and theories. That was its chief defect.

The theatre of the sixteenth century in France was not a poor attempt at what was to be in England the Shakespearian drama ; it was the dim foreshadowing of those characteristics, qualities and vices which belong to the classical French conception. There are departures from the strict norm, there are personal vagaries, but the essential basis was uniform. In drama more than in any other genre, perhaps, the preparation for the great age of the seventeenth century can be seen in the grandiose experiments of the Renaissance.

HANDBOOK OF
FRENCH RENAISSANCE DRAMATIC
THEORY

Initium *b* Tragoediae et Comoediae a rebus diuinis est inchoatum, quibus pro fructibus uota soluentes operabantur antiqui . . .

Quamuis autem retro prisca uoluentibus reperiatur Thespis Tragoediae primus inuentor, et Comoediae ueteris pater Eupolis cum Cratino Aristophaneque esse dicatur, Homerus tamen, qui fere omnis Poeticae largissimus fons est, etiam his carminibus exempla praebuit [et] uelut quadam suorum operum lege perscripsit : qui Iliadem instar Tragoediae, Odysseam ad imaginem Comoediae fecisse monstratur. Nam post illius tale tantumque documentum, ab ingeniosissimis imitatoribus et digesta sunt in ordinem et diuisa ea [cuncta], quae etiam tum temere scri[be]bantur, adhuc impolita atque in ipsis rudimentis haudquaquam, ut postea facta sunt, decora atque leuia . . .

Comoedia fere uetus, ut ipsa quoque olim Tragoedia, simplex carmen . . . fuit, quod chorus circa aras fumantes nunc spatiatus [nunc consistens], nunc reuoluens gyros, cum tibicine concinebat. Sed primo una persona substituta est cantoribus, quae respondens alternis choro locupletauit uariauitque rem musicam : tum altera, tum tertia et ad postremum crescente numero per auctores diversos personae, pallae, cothurni, socci et ceteri ornatus atque insignia scenicorum reperta et ad hoc unicuique suus habitus : et ad ultimum qui primarum partium, qui secundarum, et tertiarum, qui quartarum atque

Tragedy and comedy had their beginnings in the religious observances with which the ancients performed their sacrifices in accomplishment of their vows made for their crops . . .

Although, indeed, Thespis is found, by those who ponder old things of time past, to have been the first inventor of tragedy, and though Eupolis may be called the father of Old Comedy, together with Cratinus and Aristophanes,[1] yet Homer, who is the most abundant source of wellnigh the whole art of poetry, provided models for these poems and after a fashion wrote them by the rule of his own works. For he is seen to have made the *Iliad* after the manner of tragedy, the *Odyssey* in the image of comedy. For after this great and remarkable example of his, talented imitators reduced to order and separated all those things which at that time were written at random and up to that time were unpolished and, in their early stages, by no means graceful and smooth, as they were afterwards made . . .[2]

Old Comedy in general, as formerly tragedy too, was a simple song, which a chorus, now proceeding round the smoking altars, now standing still, now winding in circular evolutions, sang in concert with a flute-player. But first there was substituted for the singers one person who, responding to the chorus in alternation, enriched and varied the music ; then a second, then a third and finally, the number increasing in the works of different authors, masks, mantles, tragic boots and comic shoes and the other costumes and distinguishing marks of the players were devised and for this purpose each one had his own particular attire. Finally, as there were actors of the first, second, third, fourth and fifth parts, the whole

3

quintarum actores essent, distributa et diuisa quinque-
partito tota est fabula.

Quae tamen in ipsis ortus sui uelut quibusdam
incunabulis et uixdum incipiens, κωμῳδία ἐτεώνυμος καὶ
ἀρχαία [c] dicta est : ἀρχαία idcirco quia nobis pro nuper
cognitis uetus est,[d] ἐτεώνυμος autem, quia inest in ea uelut
historica fides uerae narrationis et denominatio omnium,
de quibus libere describebatur. Etenim per priscos
poetas, non ut nunc penitus ficta argumenta, sed res
gestae a ciuibus palam cum eorum saepe [qui] gesserant
nomine decantabantur : idque ipsum suo tempore
moribus multum profuit ciuitatis,[e] cum unusquisque
caueret, culpa ne spectaculo ceteris esset et domestico
probro.   Sed cum poetae abuti licentius stylo et passim
laedere ex libidine coepissent plures bonos, ne quisquam
in alterum carmen infame proponeret, lege lata, siluere.

Et hinc deinde aliud genus fabulae, id est satyra,
sumpsit exordium, quae a satyris, quos illotos semper ac
petulantes deos scimus esse, uocitata est, etsi aliunde
nomen traxisse praue putant alii.   Haec quae Satyra
dicitur eiusmodi fuit, ut in ea quamuis duro et ueluti
agresti modo de uitiis ciuium, tamen sine ullo proprii
nominis titulo carmen esset.   Quod idem genus comoediae
multis obfuit Poetis, cum in suspicionem potentibus
ciuibus uenissent, illorum facta descripsisse in peius, ac
deformasse genus stylo carminis : quod primo Lucilius
nouo conscripsit modo ut Poesim inde faceret, id est unius
carminis plurimos libros.

play was distributed and divided into a fivefold arrangement.

This, moreover, while still in the swaddling-clothes, so to speak, of its birth and as yet hardly beginning, has been called κωμῳδία ἐτεώνυμος καὶ ἀρχαία : ἀρχαία, because to us, in comparison with recent examples, it is old ; ἐτεώνυμος, because it contains what approximates to faithful historical narrative and the actual names of all who were freely portrayed. For the old poets composed their plays not as now with entirely fictitious plots, but with things actually done by the citizens, together with the frequent and open use of the names of those who had done them. This itself was in its time of great advantage to the morals of the state, since everyone was careful, lest his shortcomings should be publicly a spectacle, privately a reproach. But when poets began to make licentious use of their pen and indiscriminately to injure many good men wantonly, a law was passed, forbidding any to set forth a libellous composition about another, and they fell silent.

Hence there arose another kind of play, the *satyra*, which is so called after the Satyrs, whom we know to have been unclean and froward gods, though others wrongly believe the name to have been derived from another source. That which is called *satyra* was of the following kind : in it was a composition concerning the failings of citizens, although in a harsh and, as it were, rustic style, yet without any declaration of individual names. This kind of comedy in its turn was harmful to many poets, since they fell under the suspicion of powerful citizens, who maintained that they had portrayed their deeds maliciously and had by their manner of writing denatured this kind of composition. Lucilius in the first instance composed in the new form, making of it a poem, that is, a composition of several books.

Hoc igitur, quo supra diximus modo, coacti [f] omittere satyram, aliud genus carminis τὴν νέαν κωμῳδίαν, hoc est nouam comoediam reperere poetae, quae argumento communi magis et generaliter ad omnes homines, qui mediocribus fortunis agunt, pertineret et minus amaritudinis spectatoribus et eadem opera multum delectationis afferret, concinna argumento, consuetudine congrua, utilis sententiis, grata salibus, apta metro.

Ut igitur superiores illae suis quaeque celebrantur auctoribus, ita haec νέα κωμῳδία cum multorum ante a[c postea], tum praecipue Menandri Terentii[que] est. De qua cum multa dicenda sint, sat erit tamen uelut admonendi lectoris causa quod de arte comica [in] ueterum cartis continetur exponere.

Comoedia uetus ut ab initio chorus fuit, paulatimque personarum numero in quinque actus processit, ita paulatim uelut attrito atque extenuato choro ad nouam comoediam sic peruenit, ut in ea non modo non inducatur chorus, sed ne locus quidem ullus iam relinquatur choro. Nam postquam otioso tempore fastidiosior spectator effectus [est et] tunc, cum ad cantores ab actoribus fabula transibat, consurgere et abire coepit, res admonuit [g] poetas primo quidem choros praetermittere, locum eis relinquentes, ut Menander fecit, hac de causa, non ut alii existimant alia. Postremo ne locum quidem reliquerunt, quod Latini fecerunt Comici, unde apud illos dirimere actus quinquepartitos difficile est.

Tum etiam Graeci prologos non habent more nostrorum quos Latini habent.

Deinde θεοὺς ἀπὸ μηχανῆς, id est deos argumentis

In this way, therefore, as we have said above, the poets, obliged to abandon the *satyra*, discovered another kind of composition, the New Comedy, which should, by the universality of its plot, pertain more and in general fashion to all men of middling means and at the same time bring less bitterness and more delight to the spectators, being well adjusted in its plot, suitable in its manners, useful in its maxims, pleasing in its wit, appropriate in its metre.

Moreover, just as the kinds of comedy mentioned above were all practised by their several authors, so this New Comedy is that not only of many before and since, but especially of Menander and Terence. Since there is much to be said about it, it shall suffice, for the reader's enlightenment, to expound what is found in the writings of the ancients about the comic art.

Just as the Old Comedy was in the first place a chorus and gradually developed by reason of the number of characters into five acts, so little by little it reached New Comedy with the chorus, as it were, worn away and diminished, so that in the New Comedy not only is no chorus introduced, but not even is there a place left for it. For when the spectator had been made more fastidious by leisure and then, when the play was handed over from actors to singers, took to getting up and going away, this state of affairs warned the poets first to leave out the choruses, leaving, however, a place for them, as Menander did for that very reason and not, as some think, for any other. Finally they left not even a place for it, a practice which the Latin comic writers followed, whence it is difficult in their works to separate the five acts into which their plays are divided.

Then also the Greeks had no prologues in the manner of ours which the Latin writers have.

Next, other Latin writers, after the fashion of the Greeks,

narrandis machinatos, caeteri Latini instar Graecorum habent : Terentius non habet. Ad hoc προτατικὰ πρότωπα, id est personas extra argumentum accersitas, non facile caeteri habent, quibus Terentius saepe utitur, ut per harum inductiones facile pateat argumentum.

Veteres etsi ipsi quoque in metris negligentius egerunt, iambici uersus dumtaxat in secundo et quarto loco, tamen a Terentio uincuntur resolutione huius metri quantum potest comminuti ad imaginem prosae orationis.

Tum personarum leges circa habitum, aetatem, officium, partes agendi nemo diligentius Terentio custodiuit. Quin etiam solus ausus est, cum in fictis argumentis fidem ueritatis assequeretur, etiam contra praescripta comica meretrices interdum non malas introducere, quibus tamen, cur bonae sint, et uoluptas per ipsum et causa non desit.

Haec cum artificiosissima Terentius fecerit, tum illud est admirandum, quod et morem retinuit ut Comoediam scriberet, et temperauit affectum, ne in Tragoediam transiliret, quod aliis rebus minime obtentum et a Plauto et Afranio et Accio et multis fere magnis Comicis inuenimus. Illud quoque inter Terentianas uirtutes mirabile, quod eius fabulae sunt temperamento, ut neque extumescant ad tragicam celsitudinem neque abiiciantur ad mimicam uilitatem.[h]

Adde quod nihil abstrusum ab eo ponitur, aut quod ab historicis requirendum sit, quod saepius Plautus facit, et eo est obscurior in pluribus locis.

Adde quod argumenti ac styli ita attente memor est, ut nusquam non cauerit, aut curauerit, ea quae obesse

have *deos ex machina*, that is, gods contrived for the purpose of narrating the plot [3] ; Terence does not use them. For this purpose the others make hardly any use of protatic characters,[4] that is, characters brought in from outside the plot ; of these Terence frequently makes use, so that by their expositions the plot is easily made plain.

The old writers, too, acted rather negligently in the matter of metres, at least in the second and fourth feet of the iambic verse,[5] yet they are surpassed by Terence in the extreme resolution of this metre, which is reduced to the likeness of prose speech.

Further, no one observed more diligently than Terence the laws concerning the attributes of the characters, their age, business and nature. Indeed he alone dared, while following the faithfulness of truth in his invented plots, to introduce, in contradiction of the comic rules, harlots who were not bad, yet do not lack a reason for being good and pleasure [6] through that very circumstance.

While Terence did these things most artistically, so also is it worthy of admiration that he retained the manner of writing comedy and so kept the passions within bounds that he did not leap into tragedy, a thing which we find little observed in other matters by Plautus and Afranius and Accius and indeed many great comic writers. It is also admirable, among Terence's qualities, that his plays are of so well balanced a nature that they neither swell to tragic loftiness nor sink to the baseness of mimes.

To this add the fact that nothing abstruse is ever laid down by him, nor anything needing searching for in the historians, a thing which Plautus too often does and is therefore somewhat obscure in many places.

Add also that Terence is so constantly mindful of his plot and his style that nowhere is he careless, nowhere negligent about those things which might prove prejudicial and that he so bound together his middle with

potuerunt, tum quod media primis atque postremis ita
nexuit, ut nihil additum alteri, sed aptum ex se totum,
et uno corpore uideatur esse compositum.

Illud quoque mirabile in eo, primo quod non ita miscet
personas quatuor, ut obscura sit earum distinctio, et
item quod nihil ad populum facit actorem uelut extra
comoediam [i] loqui, quod uitium Plauti frequentissimum
est.

Illud etiam inter caetera eius laude dignum uidetur,
quod locupletiora argumenta ex duplicibus negotiis
delegerit ad scribendum, nam excepta Hecyra, in qua
[unius] scribit Pamphili amorem, caeterae quinque binos
adolescentulos habent.

Illud uero tenendum est, post νέαν κωμῳδίαν Latinos
multa fabularum genera protulisse, ut Togatas, a scenicis
atque argumentis Latinis, Praetextatas ab dignitate
personarum et Latina historia, Attellanas a ciuitate
Campaniae ubi actitatae sunt plurimae, Rhyntonicas ab
actoris nomine, Tabernarias ab humilitate argumenti et
styli, Mimos ab diuturna imitatione uilium rerum et
leuium personarum.

Inter Tragoediam autem et Comoediam cum multa,
tum inprimis hoc distat, quod in Comoedia mediocres
fortunae hominum, parui impetus periculorum,[i] laetique
sunt exitus actionum, at in Tragoedia omnia contraria,
ingentes personae, magni timores, exitus funesti habentur.
Et illic turbulenta prima, tranquilla ultima : in Tragoedia
contrario ordine res aguntur.   Tum quod in Tragoedia
fugienda uita, in Comoedia capessenda exprimitur.
Postremo, quod omnis Comoedia de fictis est argumentis,
Tragoedia saepe ab historica fide petitur.

his beginning and his ending that there appears to be no encroachment on either, but the whole thing is self-consistent and seems to be fitted together as an organic whole.

That too is worthy of admiration in him, firstly that he never mixes four characters so that it is difficult to distinguish between them,[7] and secondly that he never makes his actor say anything to the audience as it were outside the comedy, a fault which is very frequent in Plautus.

This also, among other things, is also worthy of praise in him, that he chose for writing plots enriched by double intrigues, for with the exception of the *Hecyra*, in which he writes of the love of Pamphilus alone, his other five comedies have two young men.

This also is to be borne in mind, that, after the New Comedy, the Latin writers brought out many kinds of plays, as the *Togatae*, so called from their Latin setting and plots, *Praetextatae*, from the dignity of the characters and Latin history, *Attellanae*, from the Campanian city where very many were performed, *Rhyntonicae*, from the name of their author, *Tabernariae*, from the lowness of the plot and style, Mimes from the sustained imitation of base matters and unimportant personages.

While there are many differences between tragedy and comedy, they differ particularly in this respect : that in comedy the circumstances of the men are middling, the pressure of perils small, the outcome of the actions joyful, whereas in tragedy all things are the opposite, the characters exalted, the terror great, the outcome calamitous. In the one the beginning is agitated, the end calm ; in tragedy, the action proceeds in the contrary order. Moreover in tragedy life is shown as worthy to be shunned, in comedy as worthy to be laid hold of. Lastly, all comedy is concerned with fictitious plots ; tragedy is frequently derived from historical truth,

Latinae fabulae primo a Liuio Andronico scriptae sunt, adeo cuncta re etiam tum recenti, ut idem Poeta et actor fabularum suarum fuisset.[k]

Comoediae autem motoriae sunt aut statariae aut mixtae : motoriae turbulentae, statariae quietiores, mixtae ex utroque actu consistentes.

Comoedia per quatuor partes diuiditur : Prologum, Protasin, Epitasin, Catastrophen. Prologus est uelut praefatio quaedam fabulae, in quo solo licet praeter argumentum aliquid ad populum, uel ex Poetae uel ex ipsius fabulae uel ex actoris commodo, loqui. Protasis primus est actus, initium drammatis. Epitasis incrementum, processusque turbarum, ac totus, ut ita dixerim, nodus [l] erroris. Catastrophe conuersio rerum est ad iucundos exitus, patefacta cunctis cognitione gestorum.

Comoedia est fabula diuersa instituta continens affectumque ciuilium ac priuatarum rerum, qua discitur quid sit in uita utile, quid contra euitandum. Hanc Graeci sic difiniere : κωμῳδία ἐστὶν ἰδιωτικῶν πραγμάτων περιοχὴ ἀκίνδυνος.[m] Comoediam autem Cicero ait imitationem uitae, speculum consuetudinis, imaginem ueritatis.

Comoediae autem a more antiquo dictae, quia in uicis huiusmodi carmina initio agebantur apud Graecos—ut in Italia compitalitiis ludicris—admixto pronunciationi(s) modulo, quo, dum actus commutantur, populus detinebatur. Aut ἀπὸ τῆς κώμης,[n] hoc est ab actu uitae hominum, qui in vicis habitabant ob mediocritatem fortunarum, non in aulis regis, ut sunt personae Tragicae.

Comoedia uero, quia poema sub imitatione uitae atque

Latin plays were first written by Livius Andronicus, but the whole art was still so new that the same man was both poet and actor of his plays.

Comedies are, moreover, *motoriae, statariae* or *mixtae* : the first are full of movement, the second quieter, the last mixed, consisting of actions of both kinds.

Comedy is divided into four parts : prologue, protasis, epitasis, catastrophe. The prologue is, so to speak, the preface of the play, in which alone it is legitimate to address the audience on any matter outside the plot in the interests of the poet, the play itself or the actor. The protasis is the first act, the beginning of the drama. The epitasis is the development and succession of embroilments and, if I may say so, the whole knot of misunderstanding. The catastrophe is the transformation of things to a happy ending, the knowledge of the things done being made plain to all.

A comedy is a play containing conflicting modes of life and feeling in civil and private affairs, in which it may be learned what is useful in life and what, on the other hand, is to be avoided. This the Greeks defined thus : comedy is a summary of private affairs without perils. Cicero, moreover, says that comedy is an imitation of life, a mirror of manners, an image of truth.[8]

Comedies were so called from ancient practice because, in the first place, compositions of this kind were used in the country districts by the Greeks—as also in Italy in the games of the Compitalia—music being mingled with the speech ; by this means the attention of the audience was held, while the acts were being changed. Or else ἀπὸ τῆς κώμης, that is, from the portrayal of the life of men who lived in the country on account of the modesty of their means and not in the courts of kings, as do the characters of tragedy.

Indeed comedy, since it is a poem composed after the

[morum] similitudine compositum est, in gestu et pro-
nunciatione consistit.

Comoediam apud Graecos dubium est quis inueniret
primus, apud Latinos certum : et Comoediam et
Tragoediam Togatam primo Liuius Andronicus reperit,
aitque Comoediam esse quotidianae uitae speculum, nec
iniuria, nam ut intenti speculo ueritatis lineamenta facile
per imagines colligimus, ita lectione comoediae imitationem uitae consuetudinisque non aegerrime anima-
duertimus . . .

Fabula generale nomen est.   Eius duae primae partes
sunt Tragoedia et Comoedia . . .

Omnium autem Comoediarum [in]scripta ex quatuor
rebus omnino sumuntur : nomine, loco, facto, euentu.
Nomine, ut Phormio, Hecyra, Gurgulio, Epidicus.   Loco,
ut Andria, Leucadia, Brundusina.   Facto, ut Eunuchus,
Asinaria, Captiui.   Euentu, [ut] Commorientes, Adelphi,
Heautontimorumenos . . .

Comoedia autem diuiditur in quatuor partes, Prologum,
Protasin, Epitasin, Catastrophen.

Prologus est prima dictio, a Graecis dicta πρῶτος λόγος,[o]
id est antecedens ueram fabulae compositionem elocutio.
Eius species quatuor sunt : συστατικός commendatitius,
quo fabula uel Poeta commendantur ; ἀναφορικός [p]
relatiuus, quo aut aduersario maledicta aut gratiae populo
referuntur ; ὑποδετικός [q] argumentatiuus, fabulae argumentum exponens ; μικτός mixtus, omnia haec in se
continens.

Inter Prologum et prologium quidem hoc interesse
uoluerunt, quia Prologus est ubi Poeta excusatur aut
fabula commendatur : Prologium [r] autem est cum tantum
de argumento dicitur.

Protasis est primus actus fabulae, quo pars argumenti

imitation of life and in the likeness of men's manners, consists of bodily action and speech.

It is doubtful who first invented comedy among the Greeks. Among the Latins it is certain : Livius Andronicus was the first to invent both comedy and the *tragoedia togata* and he said that comedy is the mirror of daily life, and rightly so, for just as, looking into a mirror, we easily perceive the outlines of truth in the reflections, so by reading comedy we take heed, without painful effort, of the likeness of life and manners . . .

Fabula[9] is a general term ; its two chief parts are tragedy and comedy . . .

The titles of all comedies are adopted entirely from four things : a name, a place, a fact, an event or issue.[10] From a name, as *Phormio, Hecyra, Gurgulio, Epidicus* ; from a place, as *Andria, Leucadia, Brundusina* ; from a fact, as *Eunuchus, Asinaria, Captivi* ; from an event or issue, as *Commorientes, Adelphi, Heautontimorumenos* . . .

Comedy is divided into four parts, prologue, protasis, epitasis and catastrophe.

The prologue is a first pronouncement, called by the Greeks πρῶτος λόγος, that is, a speech preceding the real matter of the play. It is of four kinds : συστατικός, *commendatitius*, in which the play or the poet is commended to the public ; ἀναφορικός, *relativus*, in which hard words are addressed to the poet's enemies or thanks to the audience ; ὑποδετικός, *argumentativus*, expounding the plot of the play ; μικτός, *mixtus*, containing all these in itself.

Some have wished to see this distinction between a *prologus* and a *prologium* : that it is a *prologus* when excuses are made for the poet or when the play is commended to the public, a *prologium*, however, when something is said concerning the plot.

The protasis is the first act of the play, in which part

explicatur, pars reticetur ad populi expectationem
tenendam.

Epitasis inuolutio argumenti, cuius elegantia con-
nectitur.

Catastrophe explicatio fabulae, per quam euentus eius
approbatur.

De Tragoedia et Comoedia.

COMMENTARY ON THE ANDRIA *OF TERENCE*

Comoedia Andria, cum palliata sit, de loco nomen
accepit, et a Menandro prius et nunc ab ipso Terentio
. . . Haec maiori ex parte motoria est, continetque
actus amatorum adolescentium et patrum piorum. Sunt
ibi callidi serui, astutae ancillae, seueri senes, adoles-
centulae liberales . . . Prologus in hac acer inducitur,
et in aduersarios non mediocriter exasperatus, sed sub-
tiliter, ut omnia lacessitus facere uideatur ac dicere. Hic
protasis subtilis, epitasis tumultuosa, catastrophe paene
tragica, et tamen repente ex his turbis in tranquillum
peruenit . . . Initium autem προτατικὸν πρόσωπον, id
est aduentitiam personam, recepit Sosiae, propter euolu-
endam argumenti obscuritatem. Persona autem protatica ea intellegitur, quae semel inducta in principio
fabulae, in nullis deinceps fabulae partibus adhibetur.

(Praefatio.)

In hac scena haec uirtus est, et [pro] argumenti
narratione actio scenica uideatur, ut sine fastidio longus
sermo sit ac senilis oratio . . . Haec scena pro argumenti narratione proponitur, in qua fundamenta fabulae
iaciuntur, ut uirtute poetae, sine officio prologi, uel θεῶν
ἀπὸ μηχανῆς, et periocham comoediae populus teneat,

of the plot is unfolded, part concealed for the purpose of holding the audience's expectation.

The epitasis is the entanglement of the plot, whose elegance is closely bound up with it.

The catastrophe is the disentanglement of the play, by means of which the issue is established.

This comedy, the *Andria*, of Greek origin, received its name from the place, at first in Menander and now in Terence . . . It is for the most part a comedy of movement and contains the deeds of young men in love and of their upright fathers. There are therein cunning slaves, artful maidservants, severe old men, freeborn maidens . . . The *prologus* in this play is brought on to the stage in a bitter mood and is extremely biting towards the poet's enemies, but subtly, so that everything seems to be done and said under provocation. The protasis here is delicate, the epitasis much embroiled, the catastrophe nearly tragic and yet suddenly, after these commotions, reaches tranquillity . . . The beginning, moreover, has the " protatic " character, that is one " brought in ", in this case Sosia, for the purpose of clearing up the obscurity of the plot. A " protatic " character is to be understood as one who, introduced at the outset of the play, is not again employed during the rest of it.

In this scene is found this excellence, that instead of a mere narration of the plot there should be seen an action on the stage, so that a long conversation and an old man's speech should be heard without tedium . . . This scene is devised for the narration of the plot and in it are laid the foundations of the play, so that, by the skill of the poet, without the aid of a prologue or a *deus ex machina*, the audience may grasp the gist of the comedy and so

et res agi magis quam narrari uideatur . . . Sosiae
persona protatica est, non enim usque ad finem per-
seuerat, ut est Daui in Phormione, in Hecyra Philotodis
et Syrae.

(Act I, sc. 1.)

Hic breuis et comica deliberatio est, magnam expectationem plurimarum rerum imminentium . . . excitans
. . . Omnis persona aut ab altero commendatur aut
seipsam populo commendat.

(Act I, sc. 3.)

Hic inducitur adolescentis animus circa nuptias, ut ex
magnitudine metus ingens gaudium comparetur in fine
fabulae, cognita Glycerio.   Et simul id agitur, ut magis
magisque per Mysidem Pamphilus excitetur ad resisten-
dum patri nuptias inducenti.

(Act I, sc. 5.)

Haec congressio duorum senum ad tale periculum
adigit fabulam, ut id non uideatur consilio sed euentu
posse uitari, qui euentus est Critonis praesentia, nam nunc
ex falsis fient uerae nuptiae.

(Act III, sc. 3.)

Elegans perturbatio, in qua inter se Simo, Pamphilus,
Dauus, Charinus, Byrrhia, Chremes, omnes omnibus
redduntur offensi.

(Act IV, sc. 1.)

Haec scena actuosa est, magis enim in gestu quam in
oratione est constituta.

(Act IV, sc. 4.)

In hoc loco persona ad eam catastrophen machinata
nunc loquitur.   Nam hic Crito nihil argumento debet,
nisi absolutionem erroris eius.

(Act IV, sc. 5.)

Hic in scenam progreditur Crito, in cuius uerbis non
modo quod ipse promittit, sed etiam quid ei Pamphilus

that everything may seem to be acted rather than re-counted . . . The character of Sosia is " protatic ", for he does not continue in the play to the end, as is also the case with Davus in the *Phormio*, Philotis and Syra in the *Hecyra*.

This is a short and comic soliloquy, arousing a great expectation of many things propending . . . Each character either is introduced to the audience by another or introduces himself.

Here is represented the state of mind of a young man about his marriage, so that out of the greatness of his fear a great joy may be produced at the end of the play, when Glycerium is recognized. At the same time, the intention is that Pamphilus be more and more excited by Mysis to resist his father, who is pushing the marriage.

This meeting of the two old men brings the play to such a crisis that it seems that it cannot be escaped by counsel, but only by some event ; this event is the arrival of Crito, for now the marriage, which was a pretended one, becomes a real one.

A neatly contrived embroilment, in which Simo, Pamphilus, Davus, Charinus, Byrrhia and Chremes are all made mutually odious.

This scene is full of movement, consisting more of action and gesture than of speech.

Here speaks a character specially devised for the purpose of the *dénouement*, for this Crito makes no contribution to the plot except to resolve the misunderstanding.

Here appears on the stage Crito, in whose words are set forth not only what he himself puts forward, but also

dixerit demonstrantur.   Et hic omnino error aperietur
fabulae.

(Act V, sc. 4.)

ᵃ Roman grammarian of the fourth century, teacher of St. Jerome.   His
Ars grammatica became the most popular grammatical schoolbook of the
Middle Ages, the " Donat " to which one finds such constant references.
His commentaries on five of the six comedies of Terence were printed
separately, but more often with the comedies in hundreds of editions in
the sixteenth century (see my *Térence en·France au XVIe siècle*) together with
the *De tragoedia et comoedia* and a life of Terence drawn mainly from
Suetonius.

ᵇ The text given here is based on that in the 1586 folio edition of Terence
printed at Venice by Gryphius ; the treatise occupies from V.f.***3 to
R.f.[5].   This text has been corrected with the aid of the text of P. Wessner,
Leipzig, Teubner, 1902, Vol. I, and of valuable suggestions by my colleague
Professor G. F. Forsey.   Superfluous letters and words are enclosed in ( ) ;
letter and words to be added in [ ].   Omissions from the text, indicated
by . . . , are chiefly concerned with suggested etymologies of the words
tragoedia and *comoedia* and with details of ancient stagecraft to which the
Renaissance paid no more than an antiquarian attention.   I have made no
indication of the attribution of parts of the text to Evanthius and others ;
this attribution was unknown to the sixteenth century, which regarded
the whole treatise as of Donatus.

ᶜ *Sic* 1586.   Wessner has : ἀρχαία κωμῳδία et ἐπ'ὀνόματος, with a
corresponding reading immediately below.

ᵈ 1586 : quia est de nobis parum cognitis uitiis.

ᵉ 1586 : ciuitatibus.

ᶠ *Sic* 1586.   Other texts have : Hoc igitur quod supra diximus malo
coacti . . .

ᵍ 1586 : abire coepisset, admonuit . . .

ʰ 1586 : ad histrionicam.

ⁱ 1586 : ex tragoedia.

ʲ 1586 : periculaque.

ᵏ 1586 : scriptae sunt ad cuncta res, eum etiam tum recentius idem et
Poeta . . .   The text is clearly corrupt and remains obscure in Wessner.
The sense demands some such reading as : [sed] adeo cuncta [deerant]
in re tam recenti ut idem . . . (G. F. Forsey).

ˡ 1586 : motus.   Some texts read : modus.

ᵐ The 1586 text is unreadable.   I have adopted Wessner's reading.
Cf. text of Diomedes.

ⁿ 1586 : ὠπὸ τῶν κάμῶν.

ᵒ 1586 : πρόλογος.

ᵖ 1586 : ἀναφωρικὸς.   Corrected in form, this word corresponds more
closely to its gloss, relatiuus, than does Wessner's reading ἐπιτιμητικός.
I am indebted to G. F. Forsey for this and the next note.

ᵠ This form, which is not, so far as I can discover, a classical one, is also
used by Scaliger (see Appendix II) ; it may be corrected to ὑποδεικτικός,
which would correspond more closely to the gloss, argumentatiuus, than
Wessner's reading.

ʳ 1586 : Prologus.

what Pamphilus has said to him. And here the misunderstanding of the play will be completely laid bare.

[1] Cf. Horace, *Satires*, I, iv, 1.

[2] This passage seems to be a reminiscence of the following passage o
Aristotle's *Poetics* : " Homer's position, however, is peculiar ; just as he
was in the serious style the poet of poets, standing alone not only through
the literary excellence, but also through the dramatic character of his
imitations, so too he was the first to outline for us the general forms of
Comedy by producing not a dramatic invective, but a dramatic picture
of the Ridiculous ; his *Margites*, in fact, stands in the same relation to our
comedies as the *Iliad* and *Odyssey* to our tragedies. As soon, however, as
Tragedy and Comedy appeared in the field, those naturally drawn to the
one line of poetry became writers of comedies instead of iambs, and those
naturally drawn to the other, writers of tragedies instead of epics, because
these new modes of art were grander and of more esteem than the old."
(I. Bywater's translation, Oxford, 1929, pp. 30–1.)

[3] It is worthy of notice that Donatus regards the function of the *deus
ex machina* as expository and not that usually taken to be his function, to
appear at the end of the play and set everything right, often distributing
rewards and punishments.

[4] See below, extract from Donatus's preface to the *Andria* and his commentary on Act I, sc. 1 of that play.

[5] In Greek comedy, the second and fourth feet may be resolved into
anapaests, never into spondee or dactyl ; in Latin comedy, however, these
feet may begin with a long.

[6] Their own or the spectator's ?

[7] See below, extract from Diomedes and his quotation from Horace on
the number of characters allowed on the stage or taking part in the dialogue
at the same time.

[8] I have not been able to trace this definition in the extant works of
Cicero. The nearest approach to it appears to be : " Etenim haec conficta
arbitror esse a poetis ut effictos nostros mores in alienis personis expres-
samque imaginem uitae cotidianae uideremus." *Pro Sex. Roscio Amerino*,
xvi, 47.

[9] The word *fabula* has been rendered " play " throughout this version.

[10] It is extremely difficult to render *factum* and *eventus* here in the light
of the examples given. See Charles Estienne's attempt, below, p. 38.

DIOMEDES [a]

De poematibus [b]

Poematos genera sunt tria . . . dramaticon est uel actiuum in quo personae agunt solae sine ullius poetae interlocutione, ut se habent tragicae et comicae fabulae . . .

De generibus poematos dramatici uel actiui

Tragoedia est heroicae fortunae in aduersis conprehensio. A Theophrasto ita definita est, τραγῳδία ἐστὶν ἡρωϊκῆς τύχης περίστασις . . .

Comoedia est priuatae ciuilisque fortunae sine periculo uitae conprehensio, apud Graecos ita definita, κωμῳδία ἐστιν ἰδιωτικῶν πραγμάτων ἀκίνδυνος περιοχή. Comoedia dicta ἀπὸ τῶν κωμῶν, κῶμαι enim appellantur pagi, id est conuenticula rusticorum . . . aut certe a ludis uicinalibus . . . uel quod in ea uiculorum, id est humilium domuum, fortunae conprehendantur, non ut in tragoedia publicarum regiarumque : uel ἀπὸ τοῦ κώμου, id est comessatione, quia olim in eius modi fabulis amantium iuuenum κῶμοι canebantur.

Comoedia a tragoedia differt, quod in tragoedia introducuntur heroes duces reges, in comoedia humiles atque priuatae personae ; in illa luctus exilia caedes, in hac amores, uirginum raptus : deinde quod in illa frequenter et paene semper laetis rebus exitus tristes et liberorum fortunarumque priorum in peius adgnitio.[c] Quare uaria definitione discretae sunt ; altera enim ἀκίνδυνος περιοχή, altera τύχης περίστασις dicta est. Tristitia namque

TRANSLATION

Concerning poems

There are three kinds of poems . . . the dramatic or active kind is that in which the characters act by themselves without any verbal intervention on the part of the poet, as is the case in tragic and comic plays . . .

Concerning the kinds of dramatic or active poem

Tragedy comprehends [1] the fortune of heroes in adversity. It is thus defined by Theophrastus : tragedy embraces heroic misfortunes . . .

Comedy comprehends private and civil fortunes without peril of life and is defined thus by the Greeks : comedy is a selection of private affairs without perils being involved. Comedy is so called from the κώμαι, that is small communities of country dwellers . . . or else from the village festivities . . . or because therein are treated the fortunes of humble homes, not, as in tragedy, those of public and royal households, or else from κῶμος, that is revels, because formerly in this kind of play the revels of young lovers were recited.

Comedy differs from tragedy in that into tragedy are introduced heroes, military commanders and kings, in comedy humble and private characters ; in the former, sorrows, exiles and bloodshed, in the latter, love affairs and abductions of maidens ; also that in the former, frequently and indeed almost always, from joyful beginnings proceed sad endings and the recognition to their sorrow of children and of former fortunes.[2] Whence they are distinguished by different definition. For the one is called " a selection [of events] without peril ", the other " a circumstantial treatment of misfortune ".

23

tragoediae proprium ; ideoque Euripides petente Archelao rege ut de se tragoediam scriberet abnuit ac precatus
est ne accideret Archelao aliquid tragoediae proprium,
ostendens nihil aliud esse tragoediam quam miseriarum
conprehensionem.

Poetae primi comici fuerunt Susarion Mullus et Magnes
. . . Secunda aetate fuerunt Aristophanes Eupolis et
Cratinus, qui et principum uitia sectati acerbissimas
comoedias conposuerunt.   Tertia aetas fuit Menandri
Diphili et Philemonis, qui omnem acerbitatem comoediae mitigauerunt atque argumenta multiplicia Graecis
erroribus [d] secuti sunt.   Ab his Romani fabulas transtulerunt, et constat apud illos primum Latino sermone
comoediam Liuium Andronicum scripsisse . . .

Dramata autem dicuntur tragica aut comica παρὰ τὸ
δρᾶν, id est agere.   Latinae fabulae appellantur siue
fatibulae ; in Latinis enim fabulis plura sunt cantica
quae canuntur : uel a faciendo ; nam et agi fabula, non
referri ab actoribus dicitur.   Ideoque Horatius utraque
significatione interpretatur, cum ita de fabula dicit,

  aut agitur res in scenis aut acta refertur,[e]

sicut in choro.   In Graeco dramate fere tres personae
solae agunt, ideoque Horatius ait

  ne quarta loqui persona laboret,[f]

quia quarta semper muta.   At Latini scriptores con-
plures personas in fabulas introduxerunt, ut speciosiores
frequentia facerent . . .

Membra comoediarum sunt tria, diuerbium canticum
chorus.   Membra comoediae diuersa sunt, definito tamen

For sadness is the distinguishing mark of tragedy ; that is
why Euripides refused, when king Archelaus asked him
to write a tragedy about him, and prayed that nothing
suitable for tragedy should ever befall Archelaus, thus
showing that tragedy is nothing other than a portrayal
of woes.

The first comic poets were Susarion, Mullus and
Magnes . . . In the second age Aristophanes, Eupolis
and Cratinus, who, following up the vices of eminent
people, wrote most bitter comedies. The third age was
that of Menander, Diphilus and Philemon, who completely softened the bitterness of comedy and followed
plots complicated by Greek shortcomings.[3] From these
the Romans took over their plays and it is established
that, amongst them, the first to write a comedy in the
Latin language was Livius Adronicus . . .

Tragedy and comedy are called dramas from δρᾶν, that
is, to do or to act. They are called in Latin *Fabulae*
or *fatibulae* ; for in the Latin plays are numerous recitatives which are sung ; or from action, for a play is said
to be acted and not narrated by the actors. Thus
Horace interprets according to both meanings, when he
speaks thus of the play :

The action is performed on the stage or, when done, is
reported,

as in the chorus. In the Greek drama only three characters act, so that Horace says :

Let not a fourth character be at pains to speak,

because a fourth is always mute. Yet the Latin writers
introduced many characters into their plays, in order
that the crowd of actors might make them more spec-
tacular.

The parts of comedy are three : dialogue, recitative,
chorus. The parts of the comedy are varied, yet

numero continentur a quinque usque ad decem. Diuerbia sunt partes comoediarum in quibus diuersorum personae uersantur. Personae autem diuerbiorum aut duae aut tres aut raro quattuor esse debent, ultra augere numerum non licet. In canticis autem una tantum debet esse persona, aut, si duae fuerint, ita esse debent ut ex occulto una audiat nec conloquatur sed secum, si opus fuerit, uerba faciat. In choris uero numerus personarum definitus non est, quippe iunctim omnes loqui debent, quasi uoce confusa et concentu in unam personam reformantes. Latinae igitur comoediae chorum non habent, sed duobus membris tantum constant, diuerbio et cantico.

Ars Grammatica, Liber III.

---

[a] Diomedes, Latin grammarian of the end of the fourth century. His third book is valued as containing matter taken from the *De poetis* of Suetonius.

[b] The text is based on that given by H. Keil, *Grammatici Latini*, Leipzig, Teubner, 1857, Vol. I, pp. 482, 487–92.

[c] There appears to be a lacuna here, which the 1523 edition of Hermann Busch, published at Cologne, fills as follows : . . . in poenis agnitio, in hac tristibus laetiora succedunt.

[d] *Sic* Keil, following MSS. Joannes Caesarius, in his edition of 1533, Cologne, amends to *autoribus*, which does not help matters much. The text appears corrupt.

[e] *Ars poetica*, 179.

[f] *Ibid.*, 192.

comprise a definite number from five to ten. Dialogues are the parts of comedies in which the characters representing various people are concerned. The characters taking part in the dialogues must be two or three or rarely four, and it is not legitimate to increase the number beyond that limit. In the recitatives, there should be only one character or, if there be two, they should be so disposed that one listens in hiding but does not join in speech with the other, but, if need be, speaks with himself.[4] In choruses the number of persons is not defined, since they all speak together, combining their words and chanted unison to form, as it were, a single character. The Latin comedies have no chorus, but consist of two parts only : dialogue and recitative.

[1] The word *conprehensio* is difficult to translate adequately ; it connotes the grasping and expression of heroic misfortunes, while peristasis involves some idea of " circumstantial treatment ", a rendering which I have used below.

[2] See note *c* to the Latin text ; if we accept this reading, we may translate : . . . recognition in suffering of children or former fortunes, in the latter joy succeeds to sadness.

[3] See note *d* to the Latin text. I have attempted a free rendering which appears likely to represent the meaning of the author, though I do not find it very satisfactory.

[4] i.e. I suppose, aside.

JODOCUS BADIUS ASCENSIUS [a]

Tragoedia,[b] ut refert Diomedes, est heroicae fortunae in aduersis comprehensio . . . Comoedia autem est priuatae ciuilisque fortunae sine periculo uitae comprehensio . . . Tragoedia est quidam ludus metrice compositus in quo principaliter ostenditur fragilitas humanarum rerum. Nam reges et principes qui se primum perbeatos et perquam felices arbitrantur, in fine tragoediarum in extremam miseriam redacti exclamationibus et dedignationibus caelum et terram confundunt, omniaque et caelestia et terrestria incusant. Comoedia autem est quidam ludus in quo ostenditur uita mediocrium personarum et patrum filiorumque familiae quomodo inter se uiuere debent : neque habet laetum initium sed potius finem, ut latius patebit ex differentiis comoediarum et tragoediarum, quarum haec sit prima. Tragoedia saepe ex historia, id est ex re gesta componitur, licet fabulosa admisceantur. Comoedia autem de materia ex toto ficta sed tamen uerisimili. Secunda potest esse quod tragoedia semper est de altissimis personis et in altisono stilo conscripta. Comoedia uero de mediocribus et in mediocri stilo facta. Tertia est quod tragoedia in principio est laeta, ostendens pompas, gloriam, magnificentiasque magnatum et nobilium. In fine autem tristissima, ostendens reges et principes ad mendicitatem usque ad ultimam desperationem aliquando redactos, et ita uitam fugiendam continet. Comoedia autem in principio suspensa est et in medio turbulenta, nam in eo solent omnes personae semel deludi et conturbari. In fine autem omnes in gratiam redeunt. Itaque tragoedia

Tragedy, as Diomedes records, comprehends the fortunes of heroes in adversity . . . Comedy, however, comprehends private and civil fortunes without peril of death . . . Tragedy is a kind of play written in verse in which is chiefly [1] portrayed the frailness of human things. For kings and princes, who at first regard themselves as most happy and fortunate, at the end of tragedies are reduced to utter wretchedness, confound heaven and earth with their outcries and lamentations [2] and lay the blame on all things celestial and terrestrial. Comedy, however, is a kind of play in which is portrayed the life of people of middle station and of fathers and sons and how families should live together : nor has it a happy beginning, but rather a happy ending, as will be seen more clearly from the differences between tragedies and comedies, of which this may be the first. Tragedy often takes its subject from history, that is from things actually done, but some fictitious elements may be introduced. Comedy, however, is composed of matter entirely invented but yet bearing the appearance of truth. The second difference can be this : that tragedy always concerns lofty people and is written in high-sounding style : comedy concerns those of middle estate and is composed in a medium style. The third is that tragedy is joyful at the beginning, showing the display, the vainglory and the grandeurs of great men and nobles, but in the end is most woeful, portraying kings and princes reduced to beggary and to the utmost despair, presenting life as something to be shunned. But comedy is uncertain in its beginning, agitated in its middle, for there all the characters are wont to be deceived and perplexed. In the end, they all return to favour. Thus

principium laetum et finem tristem habet. Comoedia contra principium ambiguum et satis tristem continet, finem autem lenissimum . . . Nam et uitam capessendam docet, utpote in qua post errorem reditur in uiam rectam . . .[c]

Praenotamenta, cap. iv, "Descriptiones et differentiae
tragoediae et comoediae".

Abiit [d] in desuetudine illa uetus comoedia ortaque est tertia aetate noua comoedia, cuius auctores et inuentores apud Graecos fuerunt Menander et Philemon, qui omnem comoediae acerbitatem mitigauerunt, ut in comoediis Terentii uidebimus. Ut enim dicit Cicero : comoedia est imitatio uitae, speculum consuetudinis et imago ueritatis. Nihil enim a communi hominum mediocris status recedit, sed omnino dicit quomodo parentes filios suos erudire debeant, qualisque sit uita adolescentium et quanta diligentia obseruanda. Graecorum illorum comoedias Romani transtulerunt . . .[e]

Cap. vi, "De comoedia antiqua".

In primo autem horum actuum ut plurimum explicatur argumentum. In secundo fabula agi incipit et ad finem tendere cupit. In tertio inseritur perturbatio et impedimentum et desperatio rei concupitae. In quarto remedium alicuius interuentus affertur. In quinto autem omnia ad optatum finem ut iam saepe dixi perducuntur.

Cap. xix, "De actibus et eorum distinctione
in comoediis".

Pro rerum decoro necesse est ut omnes res quae dicuntur gestae sint uerisimiles, compossibiles, personis conformes et generi poematis congruentes. Oportet primum ut res sint uerisimiles in comediis : ideoque mere fabulosae. Et quae aliud menti aliud oculis representant non possunt in comoediis agi sed bene narrari transitorie. Oportet

tragedy has a happy beginning and a sad ending. Comedy, on the other hand, has an uncertain beginning, not without some sadness, but a most happy ending . . . For it shows life as something to be laid hold of, seeing that, after going astray, one may return to the right path . . .

This Old Comedy sank into disuse and, in the third age, a new comedy arose, whose authors and inventors were Menander and Philemon, who softened the bitterness of comedy, as we shall see in the comedies of Terence. As Cicero says : Comedy is an imitation of life, a mirror of custom and an image of truth. It departs in no wise from what is common to men of middle station, but shows in what way parents ought to bring up their sons, what kind of life is led by young men and what great care needs to be exercised. The Romans took over the comedies of these Greeks . . .

In the first of these acts, the argument is expounded as far as possible. In the second, the action of the play begins and seeks to move towards its end. In the third is introduced a complication, an obstacle and loss of hope of the thing desired. In the fourth, the remedy of some intervention [3] is produced. In the fifth, all things, as I have frequently said, are brought to the desired end.

For the suitability of the matter, it is necessary that all the things which are spoken of as done should be truthful in appearance, possible in relation to each other, appropriate to the characters and to the kind of poem. First of all, it is essential in comedies that the matter should bear the appearance of truth, that is, should be entirely fictitious. Those things which convey one thing to the mind and another to the eyes cannot be acted in comedies, but can be narrated in passing. In the second

secundo ut res sint compossibiles et conformes inter se.
Non enim bonus esset artifex qui aliquid in principio
scriberet cuius oppositum postea confiteretur et ergo opus
seruare economiam, id est debitam dispositionem, quam
comici poetae diligentissime obseruant.   Oportet tertio
ut res sint personis conformes : quia si mulier uirilia
gessisse dicatur, ridiculum esset ; aut e contrario uir
muliebria.   Item si puero officium senis ; aut e conuerso
detur.   Oportet etiam ut res sint generi et stilo conue-
nientes.   Ideoque in comoediis communibus non sunt
altissimae personae neque altiloqui sermones, sicut in
heroico carmine et in tragoediis.   Quia ergo comoediae
sunt de mediocribus fortunis in quibus non est magnum
discrimen.   Non deceret ponere et recitare in eis tristes
mortes aut maxima infortunia.   Et haec de decoro
rerum . . .[g]

Cap. xxi, " De rerum decoro ".

[a] Josse Bade, of Aasche, near Brussels (1462–1535), latinized his name
as Jodocus Badius Ascensius.   Scholar and printer ; settled in Lyon in
1491 as reader to the printer Trechsel, whose daughter he married ; went
to Paris in 1499 and founded the Officina Ascensiana, a printing shop of
great renown ; he married his daughter to Robert Estienne, the celebrated
printer-scholar.   His annotations to Terence first appeared in 1493 in an
edition of Terence's comedies (Lyon, Trechsel), the more developed
Praenotamenta in 1502 (Lyon, Fradin).   These *Praenotamenta* were frequently
reproduced.   For further details and bibliography, see my *Térence en
France*, Paris, 1926, pp. 295-7.
[b] The text given here is based on that in the edition of Terence published
by S. Baland, Lyon, 1506, in-4° (*Térence en France*, p. 109, no. 119).   The
many and sometimes indistinct abbreviations and contractions have been
resolved.   The *Praenotamenta* often reproduce Donatus and Diomedes
almost word for word and I have given here, for the most part, only those
passages which show some originality of treatment or expression.   The
chapters preceding this first extract are : i, Quid sit poeta et quanta eius
dignitas ; ii, Quotuplicia sunt poetarum scripta ; iii, De triplici carminum
stilo et pedum ludentium ornamentis.
[c] After a further repetition of Diomedes' definition of tragedy, the
anecdote of Archelaus and Euripides is told.   The next chapter, v, De

place, the matter must be consistent and appropriate. That writer would not be a good artist, who should write one thing at the beginning and its opposite later in the play, and thus there is need to preserve the economy, that is the proper arrangement, which the comic poets most diligently observe. In the third place, the matter must be appropriate to the characters : if a woman is shown to have performed manly deeds, the thing is absurd, or, on the contrary, a man womanly deeds. So also if a boy is given the office of an old man, or the contrary. Moreover, the matter must be suitable to the kind of poem and the manner of writing. Thus in comedies of the ordinary type there must be no exalted characters nor highsounding speeches, as there are in epic and tragedy. For comedies concern middling fortunes in which there are no great crises. It would be unbecoming to place or to recite therein woeful deaths or grievous misfortunes. So much for the suitability of the matter . . .

[1] Or : in princely fashion.
[2] This appears to be the sense intended, though it is not a classical usage.
[3] Or : mediation.

origine et inuentione Satyrarum, Tragoediarum et Comoediarum, narrating the supposed history of the ancient theatre, follows Donatus in the main.

ᵈ The chapter begins with the history of the Old Comedy and its satirical nature.

ᵉ The chapter ends on the usual lines, following Donatus and Diomedes. It is followed by chapters : vii, De instrumentis et prosceniis dramatum praecipue comoediarum ; viii, De theatro et eius constructoribus ; ix, De scenis et prosceniis ; x, De personis et earum indumento et coloribus (following Donatus ; it mentions incidentally the persona protatica) ; xi, De prosceniorum ornatu et instructione ; xii, De ludis romanis et festiuitatibus in quibus agi consuerunt comoediae ; xiii, De speciebus comoediarum (classification into statariae, motoriae, etc.) ; xiv, De qualitatibus comoediarum (application of the previous chapter) ; xv, De membris comoediarum (" Membra comoediarum tria ponebant Graeci : diuerbia : cantica : choros . . .", etc., following Diomedes almost word for word) ; xvi, De partibus comoediarum et primum de tribus non principalibus ; xvii, De prologis et eorum speciebus (commendatitius, etc., as in Donatus) ; xviii, De tribus partibus principalibus in comoedia (that is, protasis, etc., as in Donatus).

ᶠ The next chapter, xx, De decoro et primo personarum, follows Donatus (and Horace) on the suitability of characters according to age, sex, occupation, etc.

ᵍ The treatise ends with the following chapters : xxii, De uerborum decoro (suitability of vocabulary and style) ; xxiii, De decoro totius operis (unity of tone and design ; clarity of structure) ; xxiv, De quatuor causis huius operis (chiefly on moral value of comedy) ; xxv, De Terentii uita ; xxvi, De forme operibus et laude Terentii. These are followed by a kind of summary : " Quid comoedia et quae partes eius ". The work, it will readily be seen, is somewhat prolix and confused ; it was, for the would-be dramatist of the earlier sixteenth century, a handy and useful dramatic encyclopedia.

LAZARE DE BAÏF [1]

Tragedie est une moralité composee des grandes calamitez, meurtres et adversitez survenues aux nobles et excellents personnages, comme Aias qui se occist pour avoir esté frustré des armes d'Achille, Œdipus qui se creva les yeux apres qu'il luy fut declaré comme il avoit eu des enfants de sa propre mere, apres avoir tué son pere. Et plusieurs autres semblables.

Translation of Electra, 1537, "Diffinition
de la tragedie".

Tragedies [furent] premierement inventees pour remonstrer aux roys et grands seigneurs l'incertitude et lubrique instabilité des choses temporelles, afin qu'ils n'ayent de confiance qu'en la seule vertu comme monstra Euripide : lequel estant en Macedoine, le roy Archelaus pria d'escrire une tragedie de luy : et le poete luy refusa, priant aux dieux que jamais chose ne luy advint qui peust estre bon argument d'escrire une tragedie : pource que ce ne sont que pleurs, captivitez, ruines et desolations de grans princes et quelque fois des plus vertueux.

Translation of Hecuba, 1544, Dedication.

[1] Lazare de Baïf (c. 1496–c. 1547), diplomat, scholar, poet, father of Jan-Antoine de Baïf. There is some doubt about the attribution and date of the *Hecuba*, which is sometimes attributed to Bouchetel. Lanson dates it 1544 ; the British Museum copy is 1550.

CHARLES ESTIENNE [1]

Qu'estoit ce que les anciens apelloient Fable, Tragedie, Satyre, Comedie vieille et Comedie nouvelle

Fable estoit un nom commun et general tant à la tragedie que à la comedie et Satyre, mesmement encores à toute poesye, ainsi qu'il plaist à d'aulcuns : car la fable n'est aultre chose, sinon une deduction de matiere faicte et inventée, bien et proprement disposée, soubz le sens de laquelle gist une reprehension de vice ou remonstrance de vertu.

La tragedie estoit une maniere de fable sumptueuse qui se jouoit par personnaiges et se recitoit publiquement aux theatres, par laquelles les anciens reprenoient, non seulement les faultes qui se commettoient es choses privées et civiles, mais encores es choses haultaines et ardues, jusques à touscher et taxer les princes... En icelle se menoient grands bruytz, et en estoit l'argument grave et haultain : le commencement doulx et paisible avec joyeuseté : la fin funeste et douloureuse. L'argument se prenoit le plus souvent de quelque histoire : comme d'Hercules furieux... et de Thyestes, qui son deux noms de tragedies du senateur Senecque...

En laquelle [la vieille comédie] ne se descripvoient que comme par maniere de foy hystorique les choses qui avoient esté commises par les citoyens et bourgeois de la ville, avec la declaration le plus souvent de leurs noms propres : car les anciens poetes Comiques n'avoient point de coustume de faindre du tout leurs argumentz ; mais descripvoient assez appertement les choses qui avoient esté faictes, en nommant ceulx mesmes qui les commet-

36

toient, qui fut une maniere de faire pour quelque temps assez proffitable pour la cité : car par ce moyen chascun mettoit peine à ne faire chose, parquoy il peust estre joué aux comedies. Mais depuis que les poetes trop licentieux commencerent à injurier, pour leur plaisir, plusieurs gens de bien, fut faicte une ordonnance... qu'ilz se teussent du tout...

De mesmes la vieille comedie, fut aussi la Satyre, qui estoit une sorte de fable et maniere de taxer les meurs des citoyens, en forme obscure et agreste, sans nommer personne aulcunement, et en la scene de ladicte Satyre n'estoient introduys que Faunes et dieux petulantz, lascifs et sauvaiges que l'on appelloit aussi Satyres. En icelle ne se declaroit riens que par enigmes et circonlocutions, principalement touchant les haultes et ardues matieres. Ceste maniere de fable fut prejudiciable à beaucoup de poetes, à cause du souspeçon qu'ilz bailloient aux riches bourgeois de Romme, par ce que chascun d'eulx se doubtoit estre celuy de qui l'on parloit : au moyen dequoy se teurent les Satyriques et n'oserent plus jouer. Ceste maniere estoit plus græcque que latine : car les Latins composoient plus leurs Satyres par poemes et libelles que aultrement.

Toutes ces fables mises hors d'usage, vint en bruit et estimation la comedie, qu'ilz ont appellée nouvelle pour ceste cause : car elle ne laissoit pas auparavant de se jouer, mesmement ne touchoit qu'en general toutes personnes par manieres d'esbat : et ne parloit que d'amours, et n'introduysoit que personnaiges de basse condition. En icelle y avoit motz pour rire, sentences joyeuses, argument bien disposé et conduyt, reformations de moeurs corrompues et lascives. Parquoy l'eloquent CICERON, voulant definir la comedie, dit que c'est ung poeme ou une fable remonstrant la maniere et imitation de vivre, mirouer de bonnes meurs, ymaige de verité.

En ceste comedie nouvelle se trouvoit quant à l'argument tout le contraire de la tragedie : c'est assçavoir, facheries au commencement et joye à la fin.

Le nom de comedies nouvelles, desquelles ont esté compositeurs Latins PLAVTE et TERENCE entre les aultres, se prenoit aulcunefois du nom d'ung personnaige principal de la comedie, comme Phormion : aulcunefois d'ung lieu, comme Andrie de l'isle d'Andros : aulcunefois d'ung fait, comme d'ung Chastré, qui est le nom de la seconde Comedie de Terence : et aulcunefois d'un accident, comme les freres, qui est aultre nom de comedie dudit facteur...[2]

Toutes comedies antiques estoient divisées en cinq ou six actes, et le plus communéement en cinq. Chascun desditz actes contenoit sens parfaict (dont en est descendu le nom), parquoy à la fin d'iceulx pour recréer les assistans se faisoient plusieurs esbatementz sur la scene, par maniere d'intervalle et pour relascher les espritz des auditeurs : puis rentroient aux aultres actes, et ainsi poursuyvoient leur comedie.

Quand deux personnaiges ou trois avoient devisé et tenu propos ensemble, et que l'ung se retiroit, ou qu'il en venoit ung aultre en nouveau propos, ilz appelloient cela une scene, c'est adire commutation ou variation de propos : de sorte que chascun acte, selon la variation des personnaiges et deviz qu'ilz tenoient, estoit aussy divisé en cinq ou six scenes, pour le moins. Et par ce moyen jamais ne demeuroit sur l'eschaffault personnaige qui n'y fust necessaire ou pour parler ou pour escouter les aultres à quelque intention. Qui est une des choses, en laquelle plus nous faillons et que je trouve inepte en nos jeux et faintes comedies.

Somme, l'acte comprend sens parfaict : la scene, propos parfaict. L'ung fut inventé pour ne detenir trop longuement les auditeurs en une mesme chose et pour

recréer les espritz par intervalles ; l'aultre pour excuser
(ce qui est de faulte en nos jeux) quand ung personnaige
fainct d'aller parler à l'aultre, ou qu'il se retire en quelque
part pour ses affaires qu'il n'est ja mestier de [3] representer au peuple : puis à l'aultre scene ensuyvant retourne
exprimer ce qu'il a faict, autant que si le peuple l'avoit
veu en presence.

From the "Epistre du traducteur au lecteur", *Andrie*, 1542.

[1] In 1542, Estienne (1504–64), printer, doctor and scholar, author of
many and varied works, member of the celebrated Estienne family,
published his translation of Terence's *Andria*; to it he attached the
"Epistre" from which these extracts are taken. After giving his reasons
for translating the Latin play, he proceeds to a treatise, much of which is
concerned with the usual speculations on primitive Greek drama and with
the description of ancient theatres, their accessories and ornamentation,
arrangement of seats and the like. This treatise was reprinted in part and
with slight variations in the "Epistre... à Monseigneur le Dauphin" at
the head of Estienne's translation of an Italian comedy which appeared
in 1543 with the title *Comedie du Sacrifice*, in 1548 and 1556 with the title
Les Abusez (see Introduction above). Most of the treatise again appeared
in the prefatory matter of a volume containing translations of the six
comedies of Terence published by J. Bourlier in 1566 and reprinted in
1572, 1574 and 1578, though later editions of Bourlier's volume omit the
treatise. It may therefore be taken that Estienne's treatise was widely
known. His general debt to Donatus will be readily apparent. For fuller
details, see my article, "Charles Estienne et le théâtre", *Rev. du XVIe
siècle*, XIV (1927), pp. 336–47.
[2] These two comedies are the *Eunuchus* and the *Adelphoe*.
[3] qu'il n'y a pas besoin de...

THOMAS SEBILLET [1]

La Moralité. Tragedie Gréque et Latine.[2]—La Moralité Françoise represente en quelque chose la Tragédie Gréque et Latine, singuliérement en ce qu'elle traitte fais graves et Principaus.[3] Et si le François s'estoit rengé à ce que la fin de la Moralité fut toujours triste et doloreuse, la Moralité seroit Tragédie.

Naturel des François.—Mais en ce avons nous comme en toutes choses suivy notre naturel, qui est de prendre dés choses estrangéres non tout ce que nous y voions, ains seulement que nous jugeons faire pour nous,[4] et estre a notre avantage. Car en la Moralité nous traittons, comme les Grecz et Latins en leurs Tragédies, narrations de fais illustres, magnanimes et vertueus, ou vrays, ou au moins vraysemblables : et en prenons autrement ce que fait a l'information [5] de nos mœurs et vie, sans nous assugettir à douleur ou plaisir d'yssue.

Jeus Amphitheatraus et sceniques.—Et cela faisons nous aus jeus publiques et solennels : ésquelz, soient en Theatres ou sales, gardons nous encor quelque ombre dés jeus Amphithéatraus et sceniques tant célébrés par le passé. En quoy véritablement nous sommes loin reculéz de la perfection antique, à cause que la faveur populaire desirée en premiére ambition par lés anciens Grecz et Romains est morte entre nous, qui avons Monarques et Princes héréditaires : et qui ne nous soucions de gaigner suffrages par spéctacles et jeus de sumptueuses despenses, ains au contraire faisons lés jeus pour y gaigner, et en faire profit. Par ce moien demourans nos jeus actes et entreprises privées, et conséquemment sordides,[6] nous arrestons plus à nous en acquitter qu'à lés consommer en leur perfection.[7]

Seconde espece de Moralité.—Or y a il une autre sorte de Moralité que celle dont je vien de parler, en laquéle nous suivons allégorie ou sens moral (d'où encor retient elle l'appellation) y traitans ou proposition Morale, et icelle déduisans amplement soubz fainte de personne attribuée à ce que véritablement n'est homme ne femme : ou autre Enigme et allégorie faisant à l'instruction dés mœurs.

Vertu de Moralité.—Quoy que soit, pense que la premiére vertu de la Moralité, et tout autre Dialogue, est le Décore[8] dés personnes observé à l'ongle, et la convenante et apte reddition[9] du Moral et allégorie.   Toutes sortes de vers y sont receues en meslange et variété : mesmes tu y trouveras Balades, Trïoletz, Rondeaus doubles, et parfais, Lays, Virelays, tous amassés comme morceaus en fricassée.[10]   Quant à moy, j'estimeroy' la Moralité bonne de vers de dis syllabes, à raison de sa gravité.   Mais suivans le dit d'Horace en son art Pöétique, que le Pöéte meslant le dous avec le profitable, emporte l'applaudissemant et suffrage de chacun, nous ne faisons aujourd'huy ne pures Moralités, ne simples farces : mais meslans l'un parmy l'autre, et voulans ensemble profiter et resjouïr,[11] meslons du plat avec du croisé, et dés longs vers avecques dés cours, faisans nos jeus tant divers en bigarreures, comme sont Archers de garde, ou de ville : lesquelz puis qu'ilz plaisent telz aus Princes et communautés, semble que ne pouvons estre que supportables bigarrans de mesme lés jeus, par lesquelz tachons plaire à ceus mesmes.

La Farce. Comedie Latine.—La farce retient peu ou rien de la Comédie Latine : aussi à vray dire, pour ce à quoy elle sert, ne serviroient rien lés actes et scenes, et en seroit la prolixité ennuieuse.   Car le vray suget de la Farce ou Sottie Françoise sont badinages, nigauderies, et toutes sotties esmouvantes à ris et plaisir.

Le suget de la Comédie Gréque et Latine estoit tout autre : car il y avoit plus de Moral que de ris, et bien souvent autant de vérité que de fable. Nos Moralités tiennent lieu entre nous de Tragédies et Comédies indifféremment : et nos Farces sont vrayement ce que lés Latins ont appellé Mimes ou Priapées. La fin et effet desquelz estoit un ris dissolu [12] : et pource toute licence et lascivie y estoit admise, comme elle est aujourd'huy en nos Farces.

Vers et Rymes propres à la Farce.—A quoy exprimer tu ne doutes point que lés vers de huit syllabes ne soient plus plaisans, et la ryme platte plus coulante. Aussi te pensé-je assés informé, pource que tout Dialogue se prononce mieus qu'il ne s'escrit, que tu dois donner à son action ce que Démosthéne donna à la prononciation de l'oraison, savoir, les premiéres, secondes et tierces parties,[13] la jugeant au Dialogue non principale, mais seule et unique vertu.

Art Poétique François, Paris, 1548, Livre II, ch. viii.

[1] Thomas Sebillet or Sibilet (other spellings are found) (1512–89), lawyer and scholar, friend of many writers and humanists.

[2] The text given here is that of the critical edition of F. Gaiffe, Paris, Droz (S.T.F.M.), 1932, pp. 161–6. Only slight alterations have been made, e.g. the accent on *à* and *où* and an occasional simplification of punctuation. I am much indebted to Gaiffe's notes, which are full and useful.

[3] *Principaus* appears to mean " concerning Princes and people of lofty estate ", as in the morality of the Emperor who with his own hands slays his nephew, whom the judges have feared to condemn for his violation of a maiden. See Gaiffe, p. 161, n. 3, and also Petit de Julleville, *Hist. de la langue et litt. fr.*, II, pp. 426–7.

[4] " to suit us ".

[5] " that which is suitable for the representation of our manners and life ". The word *information* may also mean " instruction in ". Guillaume des Autelz, in his *Replique aux furieuses defenses de Louis Meigret*, 1550, takes much the same attitude, defending the morality and attacking comedy and tragedy : " De nos poësies purement françoises encor est celle que lon appelle *moralité* : laquelle je ne m'esbahis estre mesprisee des doctes gens, veu le desordre que par ignorance y commettent ceux lesquelz indignement... la veulent manier... Or, que la moralité... soit plus profitable que ny la comedie ny la tragedie, il en appert, pource que ces deux tendent plus à corruption que à la bonne information des mœurs, l'une proposant

tout exemple de lascivité, l'autre de cruauté et tyrannie." See Chamard's edition of Du Bellay's *Deffence et Illustration de la Langue Françoyse*, Paris, Fontemoing, 1904, p. 231 (not p. 251, as in Gaiffe's note to this passage, p. 162, n. 1).

[6] Cotgrave gives, among other translations of this word, " niggardly " ; Gaiffe, p. 163, n. 1.

[7] " We are more concerned to have them off our hands than to bring them to a proper state of perfection."

[8] " fitness, propriety ".

[9] " suitable and proper rendering ". See Gaiffe, p. 163, n. 3.

[10] The *ballade* is extremely rare in moralities. The usual verse employed is the octosyllabic, but the decasyllabic is found. See Gaiffe, p. 164, n. 1.

[11] Many moralities are barely distinguishable from farce, except for their didactic intention. See Gaiffe, p. 164, n. 2.

[12] " Unrestrained laughter ". Gaiffe, p. 165, n. 4, refers to Robert Estienne's *Dict. latin-françois*, 1549 : risus solutus.

[13] Cicero, *De oratore*, III, 56, somewhat misunderstood.

JOACHIM DU BELLAY [1]

Quand [2] aux comedies et tragedies, si les roys et les republiques les vouloient restituer en leur ancienne dignité, qu'ont usurpée les farces et moralitez, je seroy' bien d'opinion que tu t'y employasses, et si tu le veux faire pour l'ornement de ta langue, tu sçais où tu en doibs trouver les archetypes.

La Deffence et Illustration de la Langue Françoyse, 1549,
Livre II, ch. iv, end.

[1] Joachim du Bellay (1525–60) is too well known to students of sixteenth-century France to need a biographical note. It is worthy of note that this fertile and often gifted writer appears to have had no taste for dramatic composition.

[2] The text given is that of H. Chamard's excellent critical edition, Paris, Fontemoing, 1904. Chamard's note, p. 230, n. 3, will be found useful.

THÉODORE DE BÈZE [1]

Or [2] pour venir à l'argument que je traite, il tient de la Tragedie et de la Comedie : et pour cela ay-je separé le prologue [3] et divisé le tout en pauses, à la façon des actes des Comedies, sans toutesfois m'y assujettir. Et pource qu'il tient plus de l'un que de l'autre, j'ay mieux aimé l'appeller Tragedie. [4] Quant à la maniere de proceder, j'ay changé quelques petites circonstances de l'histoire, pour m'approprier au theatre. Au reste j'ay poursuivy le principal au plus pres du texte que j'ay peu, suyvant les conjectures qui m'ont semblé les plus convenables à la matiere et aux personnes.

Abraham Sacrifiant, Geneva, 1550, "Theodore de Besze
aux Lecteurs"

[1] Théodore de Bèze or de Bèsze (1519–1605), lawyer, historian, theologian and reformer, began his literary output with licentious *Juvenilia* (1541), of which he was later genuinely ashamed. He became one of Calvin's henchmen, professed Greek, wrote a biography of Calvin marred by chronological inaccuracy, and produced many other works including editions and Latin versions of the New Testament. He represented the reformed at Poissy (1560), took part in the civil war of 1562 and in 1563 succeeded Calvin at Geneva, where he ruled rather more mildly than his predecessor until his retirement in 1600.

[2] The whole epistle from which the extract is taken is full of interesting reflections on this typical reformer's conception of literature. The most accessible text is the modern reprint, Geneva, Fick, 1874.

[3] The prologue is a lively one, in decasyllabic verse, begging for silence and reminding the audience that they are no longer in Lausanne (where the piece was performed, in the University, in 1551), but in the land of the Philistines.

[4] The play could certainly not be called a tragedy from the point of view of either form or tone. Satan is half-comic figure ; the dialogue, now in octosyllables, now in decasyllables, is interspersed with *cantiques* in lyric form and divided by *pauses* very unlike the act divisions of the regular theatre ; the unities of time and place are completely ignored. The piece is pathetic rather than tragic (see Jean de la Taille's remarks, below), but merited the following mention by Estienne Pasquier (*Recherches*, VII, 6) : "il composa sur l'avènement du roi Henri II en vers françois le *Sacrifice d'Abraham*, si bien retiré au vif que le lisant, il me fit autrefois tomber les larmes des yeux".

45

ESTIENNE JODELLE [1]

Assez,[2] assez, le poëte a peu voir
L'humble argument, le comicque devoir,
Les vers demis, les personages bas,
Les mœurs repris, à tous ne plaire pas :
Pource qu'aucuns, de face sourcilleuse,   5
Ne cherchent point que chose serieuse,
Aucuns aussi, de fureur plus amis,
Aiment mieux voir Polydore à mort mis,
Hercule au feu, Iphigène à l'autel,
Et Troye à sac,[3] que non pas un jeu tel   10
Que celuy-là qu'ores on vous apporte.
Ceux-là sont bons, et la memoire morte
De la fureur tant bien representée
Ne sera point [4] : mais tant ne soit vantée
Des vieilles mains l'escriture tant brave,   15
Que ce poëte en un poëme grave,
S'il eust voulu, n'ait peu representer
Ce qui pourroit telles gens contenter.
Or pour autant qu'il veut à chacun plaire,
Ne dédaignant le plus bas populaire,[5]   20
Et pource aussi que moindre on ne voit estre
Le vieil honneur de l'escrivain adextre
Qui brusquement traçoit les comedies,
Que celuy-là qu'ont eu les tragedies [6] ;
Voyant aussi que ce genre d'escrire   25
Des yeux françois si long-temps se retire,
Sans que quelqu'un ait encore esprouvé
Ce que tant bon jadis on a trouvé,
A bien voulu dependre ceste peine

Pour vous donner sa comedie, Eugène,   30
A qui ce nom pour ceste cause il donne :
Eugène en est principale personne.
L'invention n'est point d'un vieil Menandre,
Rien d'estranger on ne vous fait entendre,
Le stile est nostre, et chacun personnage   35
Se dit aussi estre de ce langage [7] ;
Sans que brouillant avecques nos farceurs
Le sainct ruisseau de nos plus sainctes sœurs,
On moralise un Conseil, un Escrit,
Un Temps, un Tout, une Chair, un Esprit,   40
Et tels fatras, dont maint et maint folastre
Fait bien souvent l'honneur de son theatre,
Mais, retraçant la voye des plus vieux,
Vainqueurs encor du port oblivieux,
Cestuy-ci donne à la France courage   45
De plus en plus ozer bien davantage.
Bien que souvent en ceste comedie
Chaque personne ait la voix plus hardie,
Plus grave aussi qu'on ne permettroit pas,
Si l'on suivoit le latin pas à pas,   50
Juger ne doit quelque sevère en soy,
Qu'on ait franchi du comicque la loy.
La langue, encor foiblette de soymesme,
Ne peut porter une foiblesse extrême ;
Et puis ceux-cy dont on verra l'audace,   55
Sont un peu plus qu'un rude populace ;
Au reste, tels qu'on les voit entre nous.
Mais dites-moy, que recueillerez-vous,
Quels vers, quels ris, quel honneur et quels mots,
S'on ne voyoit icy que des sabots ? [8]   60
Outre, pensez que les comicques vieux
Plus haut encor ont fait bruire des dieux.[9]
Quant au theatre, encore qu'il ne soit
En demy-rond, comme on le compassoit,

Et qu'on ne l'ait ordonné de la sorte   65
Que l'on faisoit, il faut qu'on le supporte,
Veu que l'exquis de ce vieil ornement
Ore se voüe aux princes seulement ;
Mesme le son qui les actes separe,
Comme je croy, vous eust semblé barbare,   70
Si l'on eust eu la curiosité
De remouller du tout l'antiquité.[10]
Mais qu'est-ce cy ? dont vient l'estonnement
Que vous monstrez ?   Est-ce que l'argument
De ceste fable encore n'avez sceu ?   75
Tost il sera de vous tous apperceu,
Quand vous orrez ceste première scène...

Eugène, prologue, 1552.

[1] Estienne Jodelle (1532–73), member of the Pléiade and author of the first new " regular " comedy and tragedy, *Eugène* and *Cléopâtre*, performed before a select audience in 1552 ; wrote also *Didon se sacrifiant*. The comedy has a subject reminiscent of some farces, but is more sustained and loftier in tone than the normal farce. The tragedies, based on Senecan models, are lyrical and rhetorical rather than truly dramatic.

[2] The *Eugène* was first printed in the posthumous *œuvres* published in 1574 by Jodelle's friend, Charles de la Mothe. Modern editions of the *Eugène* include that in the edition of Jodelle's works published by Ch. Marty-Laveaux in the series *La Pléiade Française* ; the *Ancien Théâtre Français* of Viollet le Duc, Vol. IV, Paris, Jannet, 1855 ; the *Théâtre français au XVIe et au XVIIe siècle* of E. Fournier, Paris, Laplace, Sanchez et Cie., 1871.

[3] *Polydore :* the son of Priam and Hecuba ; his ghost furnishes the exposition in Euripides' *Hecuba*. *Hercule au feu :* the subject of tragedies of Euripides and Seneca. *Iphigène à l'autel :* in Euripides' *Iphigenia in Aulis*. *Troye à sac :* a number of Euripidean and Senecan tragedies are concerned more or less directly with the fall of Troy.

[4] Construe : la mémoire... ne sera point morte.

[5] Cf. Terence, *Andria*, prol. 1–3 :

> Poeta quom primum animum ad scribendum adpulit,
> id sibi negoti credidit solum dari,
> populo ut placerent quas fecisse fabulas.

[6] Note the insistence, here and in other writers of comedy, on the equality in dignity of comedy and tragedy. It is usually accompanied by some mention of the tradition according to which Terence's comedies owed much to Laelius and Scipio.

[7] The claim to have invented a modern and essentially French comedy is noteworthy ; it is more true of the *Eugène* than of many later comedies which claim to owe their subject to a *fait-divers*. The *Eugène*, while

" regular " in form, organization and length, has a subject more akin to the French farce than to the ancient theatre.

[8] I.e. only a " rude populace ".

[9] The allusion may be to Plautus, *Amphitruo*.

[10] The claim to be free of any servile imitation of antiquity is repeated with reference to the accessories.

JACQUES PELETIER DU MANS [1]

...nous [2] esperons que les Farces qu'on nous a si long temps jouées se convertiront au genre de la Comedie, les Jeux des Martyres en la forme de Tragedie...

Art Poëtique, 1555, Livre II, ch. v.

La Comedie a été dite par Live Andronique, le premier Ecriteur de Comedies Latines, le miroir de la vie, par ce qu'en elle s'introduisent personnes populaires, desquelles faut garder la bienséance, selon la condition et état de chacune. C'est assavoir qu'il faut faire voir bien oculairement l'avarice ou la prudence des vieillards, les amours et ardeurs des jeunes enfans de maison, les astuces et ruses de leurs amies, la vilenie et deshonnesteté des maquereaux, la façon des pères tantot severes, tantot faciles, l'assentation [3] et vileté des parasites, la vanterie et braveté d'un soudart retiré de la guerre, la diligence des nourrices, l'indulgence des mères.

La Comedie a trois parties principales, sans le Prologue. La premiere est la proposition du fait au premier Acte ; laquelle est appellée des Grecs Protasie ; et en elle s'explique une partie de tout l'argument, pour tenir le peuple en attente de connoitre le surplus. La seconde est l'avancement ou progrès, que les Grecs disent Epitasie : c'est quand les affaires tombent en difficulté et entre peur et esperance. La tierce est la Catastrofe, soudaine conversion des choses au mieux.

Dont je ne parlerai plus au long, car les Comedies de Terence sont entre les mains de chacun, lesquelles sont elegantes, subtiles et accommodées à la vie. En quoi dissimulerons pour cette heure le jugement de Quintilien,

lequel n'approuve pas grandement les comedies faites
des Latins, attribuant toute la naïveté et grace au seul
Atticisme.[4] Mais c'est sa coutume en beaucoup de
genres de rabaisser les ecrits romains, lesquels à la verité
n'arrivent pas à la perfection des Grecs en cet endroit.
Toutefois, si nous avisons que la Comedie est expressément
introduite pour complaire au peuple (non pourtant sans
artifice et jugement) et qu'elle se doit accommoder aux
conditions des temps et des hommes présents, nous trou-
verons celles de Terence grandement telles, fors paraven-
ture la Formion,[5] laquelle, autant qu'il me semble, est
moins belle que les cinq autres, tant en stile qu'en argument ; joint qu'elle ne termine pas en assez joyeuse fin,
comme requiert l'essence de la Comedie.

Plaute est facétieux quasi jusques à scurrilité ; autrement propre et elegant. Duquel disoit Varron, après un
Elie Stolon,[6] que si les Muses eussent parlé Latin, c'eût
été par la bouche de Plaute. Ce sont dissensions de
jugements entre les Latins. Car Quintilien ne prise
pas Plaute jusques là, ni même Horace. Comme Ciceron, appelle Cecile (qui etoit un autre Comique Latin)
mauvais auteur de latinité ; et toutefois Volcace Sedigite [7]
lui donne l'honneur par sus tous les autres. Je dis ceci
pour montrer la difficulté qu'il y a à juger résolument les
ecriteurs.

Nous n'avons point encores vu en notre françois aucuns
ecrits qui eussent la vraie forme comique, mais bien force
Moralitez et telles sortes de jeux, auxquels le nom de
Comedie n'est pas dû. C'est un genre de poème bien
favorable et qui auroit bonne grace, si on le remettoit
en son etat et dignité ancienne. Et n'est quasi que pour
le temps de paix.

La Comedie et la Tragedie ont de commun qu'elles
contiennent chacune cinq actes, ni plus ni moins. Au
demeurant, elles sont toutes diverses, car au lieu des

personnes comiques, qui sont de basse condition, en la
Tragedie s'introduisent rois, princes et grans seigneurs.
Et au lieu qu'en la Comedie les choses ont joyeuse issue,
en la Tragedie la fin est tousjours luctueuse [8] et lamentable ou horrible à voir.   Car la matiere d'icelle sont
occisions, exils, malheureux definemens de fortunes,
d'enfans ou de parens.   Tellement qu'Euripide étant
requis du roi Archelas qu'il eût à ecrire de lui une tragedie:
Ne plaise aux Dieux, dit il, Sire, qu'il vous puisse arriver
chose qui soit propre au poème tragique.[9]

Partant, elles doivent estre du tout differentes en stile.
La Comedie parle facilement et, comme nous avons dit,
populairement.   La Tragedie est sublime, capable de
grandes matieres tant principales que dependantes :   en
somme, ne differant rien de l'oeuvre heroique quant aux
personnes...

Le Chore en la Tragedie (nous disons Keur aux eglises)
est une multitude de gens, soit hommes ou femmes,
parlans tous ensemble.   Il doit tousjours etre du parti
de l'auteur :   c'est à dire qu'il doit donner à connoitre
le sens et le jugement du poëte :   parler sentencieusement,
craindre les Dieux, reprendre les vices, menacer les
mechans, ammonester à la vertu ;   et le tout doit faire
succintement et resolument.

Si le François veut ramener les personnes anciennes,
qu'il face une Niobe triste et desolée, une Medée horrible
et affreuse, un Ajax etonné et forsené, un Oreste furieux
et vagabond, un Hercule terrible et, comme les Latins
disent, truculent.   Pregne [10] pour patron Euripide et
Sophocle Grecs, entre lesquels Quintilien laisse en suspens
la superiorité, faisant cependant (comme il est vrai)
Sophocle plus grave de stile et plus hautain, mais Euripide
plus sentencieux et plus philosophique.   Des Latins nous
n'avons que Seneque, qui n'est pas guere magnifique,
ainçois pesant et obscur et tenant beaucoup du change-

ment de la latinité, toutefois sentencieux et imitable avec jugement.

Nous en avons en France quelques unes traduites doctement : entre les autres, l'Hecube d'Euripide par Lazare de Baïf,[11] qui a nagueres flori sous le roi François et en la mort duquel la France a perdu en plusieurs sortes ; mais la principale perte est qu'il a si peu ecrit. Il en a été bien nouvellement faite une par Etienne Jodelle Parisien, de laquele j'ai ouï seulement le bruit. Ce genre de poème, s'il est entrerpis, aportera honneur à la langue françoise.

Art Poëtique, 1555, Livre II, ch. vii.

[1] Jacques Peletier du Mans (1517–82), poet, grammarian and mathematician, gave early encouragement and help to Ronsard. Among many other works, he published in 1545 a version of Horace's *Art Poëtique*, in 1555 his own *Art Poëtique*, from which these extracts are taken. On him see C. Juge, *J. P. du Mans*, Paris, 1907, H. Chamard, *De Jacobi Peletarii... Arte Poetica*, Paris, 1900, and the introduction to André Boulanger's edition of the *Art Poëtique*, Paris, 1930.

[2] The text given here is based on that of the edition by André Boulanger of the *Art Poëtique*, Paris, Belles Lettres, 1930 (Publ. de la Fac. des Lettres de l'Un. de Strasbourg, Fasc. 53). In the interests of intelligibility I have modified Peletier's peculiar, though very rational, orthography and typography. The extracts given will be found with most useful notes on pp. 172, 186–93, of Boulanger's edition. "...c'est dans cet *Art Poétique*, bien plutôt que dans la *Deffence et Illustration*, qu'il faut chercher la doctrine de la Pléiade " ; Boulanger, introduction, p. 36.

[3] *assentation :* servility ; Latin *assentatio*.

[4] *Inst. Orat.*, X, i, 99–100.

[5] I.e. *la* comédie du *Phormion :* Terence's *Phormio*.

[6] The saying is taken from Quintilian, *Inst. Orat.*, X, i. 99 : Licet Varro Musas, Aeli Stilonis sententia, Plautino dicat sermone locuturas fuisse, si Latine loqui uellent. Aelius Stilo was a grammarian who taught both Varro and Cicero.

[7] Volcatius Sedigitus : a writer of didactic verse in the second century B.C. Some of his verses, *De Comicis Latinis Iambi*, were printed in many sixteenth-century editions of Terence ; in them Caecilius is placed first, Plautus second, Terence sixth !

[8] I.e. mournful ; Latin *luctuosa*.

[9] Peletier may have taken this anecdote from Diomedes (see extract above) or from Josse Bade's *Praenotamenta* to Terence, but most probably from the dedication of the translation of *Hecuba* (1544) which he attributes (see below, note 11) to Lazare de Baïf.

[10] I.e. " qu'il prenne..."

[11] This attribution is doubtful ; for details, see Boulanger's edition of the *Art Poëtique*, p. 192, n. 30.

JACQUES GREVIN [1]

La Tragédie [2] donc (comme dit Aristote en son art poëtique) est une imitation ou représentation de quelque faict illustre et grand de soymesme, comme est celuy touchant la mort de Jules César...[3]

Je pense bien que ceux qui ont faict les premières Tragédies n'observoyent pas si estroictement ce quaujourd'huy on y requiert ; mais avec le temps (ainsi qu'il est facile d'adjouster aux choses intentées) on les a si bien polies, que maintenant on n'y sçauroit que désirer, je dy en celles qui sont faictes selon les préceptes qu'en ont donnés Aristote et Horace.

Quant est du bon accueil qu'ha eu la Tragédie, je diray seulement que les escripts des Poëtes Grecs nous en peuvent faire foy, entre lesquels est Æschyle, Sophocle et Euripide, que nous osons à bon droict nommer la fontaine, de laquelle tous les bons poëtes Tragiques ont beu, et le trésor auquel ils ont pris les richesses pour embellir leur poëmes : ainsi qu'entre les Latins nous avons Sénèque...

En ceste Tragédie,[4] on trouvera par aventure estrange que, sans estre advoué d'aucun autheur ancien, j'ay faict la troupe interlocutaire de Gensdarmes des vieilles bandes de César, et non de quelques Chantres, ou autres, ainsi qu'on a accoustumé : mais où l'on aura entendu ma raison, possible ne leur sera-il de si difficile digestion, comme il a esté à quelques uns. J'ay eu en ceci esgard que je ne parloy pas aux Grecs, ny aux Romains, mais aux François, lesquels ne se plaisent pas beaucoup en ces chantres mal exercitez, ainsi que j'ay souventesfois observé aux autres endroicts où l'on en a mis en jeu.

54

D'avantage, puis qu'il est ainsi que [5] la Tragédie n'est autre chose qu'une représentation de vérité, ou de ce qui en ha apparence, il me semble que ce pendant que là où les troubles (tels que lon les descrit) sont advenues ès Republiques, le simple peuple n'avoit pas grande occasion de chanter : et que par conséquent, que lon ne doit faire chanter non plus en les représentant, qu'en la vérité mesme : autrement à bon droict nous serions repris, ainsi qu'un mauvais peintre auquel on auroit donné charge dé faire un pourtraict, et qui auroit adjousté quelques traicts qui ne se recognoistroyent au visage qui luy auroit été présenté. Que si lon m'allègue ceci avoir esté observé de toute antiquité par les Grecs et Latins, je respon qu'il nous est permis d'oser quelque chose, principalement où il n'y a occasion, et où la grâce du poëme n'est offensée. Je sçay bien qu'on me répliquera que les anciens l'ont faict pour resjouir le peuple fasché possible des cruautez représentées : à quoy je respondray que diverses nations requièrent diverses manières de faire, et qu'entre les François il y a d'autres moyens de ce faire sans interrompre le discours d'une histoire. De ceci je te laisseray le jugement, t'advertissant que je n'ay voulu (à la manière de ceux lesquels prenants peine de s'enfler, crèvent tout en-coup) rechercher un tas de gros mots propres pour espouvanter les petits enfans : ains plustost je me suis contenté, ensuyvant les Tragiques Grecs, de ma langue, sans en emprunter une estrangère pour exprimer ma conception.

Or je reviens à la Comédie, qui est un discours fabuleux, mais approchant de vérité, contenant en soy diverses manières de vivre entre les citadins de moyen estat, et par lequel on peult apprendre ce qui est utile pour la vie, et au contraire cognoistre ce que lon doit fuir, enseignez par le bonheur ou malheur d'autruy. C'est pourquoy Cicéron l'appelle imitation de vie, mirouer

des coustumes, et image de vérité. Il y a eu anciennement deux sortes de Comédies, l'une est appelée la
vieille, laquelle comprenoit plusieurs choses fabuleuses,
injures et moqueries, jusques à taxer les hommes par leurs
noms : ainsi que nous pouvons voir en Aristophane, en
la Comédie des Nues, là où il se moque apertemént de
Socrate. L'autre Comédie est appelée la nouvelle,
laquelle est faicte à l'imitation des mœurs et commune
manière de vivre des hommes, dont Ménandre a été
l'autheur, et à l'imitation de laquelle nous avons faict
les nostres.[6] Les anciens avoyent encores une autre
sorte de Comédie qu'ils appeloyent Mimus ou Bastelerie,
pour autant qu'elle estoit faicte de parolles ordes et vil-
laines, et de matières assez deshonnestes, laquelle aussi
estoit représentée par des basteleurs, voire le plus près
du naturel qu'il estoit possible, comme tesmoigne Cicéron
en son 2. de l'Orateur et Quintilian en son 2. livre.   De
là sont venues les farces des François, comme nous pouvons
facilement voir.   Or pour autant qu'en la Comédie
nouvelle (comme aussi en toutes Tragédies), l'on propose
les hommes démenants quelques affaires, on a divisé le
tout par Actes que les Grecs ont appelé δϱάματα, ἀπὸ τõ
δϱᾶν qui est autant à dire que faire ou négotier...

Entre les premiers poëtes Comiques on met Susarion,
Rulle et Magnes [7] lesquels plus tost par moquerie,
qu'autrement, taxoyent appertement un chascun.

Depuis vindrent Aristophane, Eupolis et Cratine, lesquels poursuyvants et détestants les vices de leurs Princes,
composèrent des Comédies assez fortes, tant que Ménandre
et Philémon commencèrent à les addoucir, ainsi que les
voyons en Térence, lequel a pris ses Comédies de
Ménandre et Appollodore.   Après Ménandre et Philémon, aucteurs Grecs, vint le premier à Rome Andronique :
puis Plaute et Térence lesquels nous ont laissé leurs
Comédies parfaictes de tous poincts, et, comme dit

Cicéron, pleines de choses ingénieuses, civiles, élégantes
et facétieuses, comme les livres des Philosophes Socratiques.
Voylà l'origine et succès de la Comédie, que j'estime
avec Aristote avoir esté inventée du mesme temps que la
Tragédie : car comme ainsi soit que des hommes, les
uns soyent graves et sévères, les autres gaillards et joyeux,
il est advenu que les premiers se sont mis à escrire des
Tragédies graves et sévères, les seconds se sont exercez
en Comédies gaillardes et joyeuses. Le profict que tu
en peux recevoir est de te garder de pareilles adventures
qui sont advenues en icelles par la mesgarde d'aucuns,
par la simplicité des autres, par l'astuce des plus rusez,
et cognoistre aussi la diverse manière de vivre des divers
estats. Car comme disoit Andronique, la Comédie est
le mirouer de la vie journalière.
Ceste seule cause m'a esmeu d'avantage à mettre celles
cy en avant, en la composition desquelles j'ay plustost
ensuyvi la nayveté de nostre vulgaire, et les communes
ma nières deparler, que pris peine d'ensuyvre les anciens,
encore que je ne m'en soy du tout retiré, comme pourront appercevoir ceux qui seront un peu versez en
l'Aristophane, Plaute et Térence.
L'autre cause qui me l'a faict faire, a esté voyant les
lourdes fautes, lesquelles se commettent journellement ès
jeux de l'Université de Paris, qui doit estre comme un
parangon de toute perfection de sciences : où nous
voyons toutesfois mille fautes commises en cest endroict,
lequel a esté tant recommandé des anciens Romains,
que plus souvent les Empereurs et grands seigneurs,
oultre la despence, en de telles affairs, s'employoyent a
l'exécution de leurs Tragédies et Comédies... La faute
que j'y voy, c'est que contre le commandement du bon
précepteur Horace, ils font à la manière des basteleurs
un massacre sur un eschaffaut, ou un discours de deux
ou trois mois, et semble qu'en cest endroit, ils ayent

conjuré pour mal faire : et autres telles badineries, que je laisse pour estre plus bref.

Je ne mets pourtant en ce nombre quelques uns qui en ont faict leur devoir, mais plustost je les prie au nom de tous amateurs des bonnes lettres, de poursuyvre et aider à chasser ce monstre d'entre une tant docte compagnie : par devers laquelle accourent non seulement les François, mais aussi les estrangers des plus lointaines provinces. Et quant est de ma part, pour autant que la plus grande estude m'a retiré par devers soy, j'en laisse la charge aux amateurs de l'antiquité : et te priray, Lecteur, de prendre le tout plustost en bonne part, que opiniastrement te bander contre la vérité. A Dieu.

Brief Discours pour l'Intelligence. de ce Theatre, 1561.

La liberté des Poëtes Comiques a tousjours esté telle, que souventes fois ils ont usé de mots assez grossiers, de sentences et manières de parler rejectées de la boutique des mieux disans, ou de ceux qui pensent mieux dire : ce que par aventure lon pourra trouver lisant mes Comédies. Mais pourtant il ne se fault renfrogner, car il n'est pas icy question de farder la langue d'un mercadant, d'un serviteur ou d'une chambrière, et moins orner le langage du vulgaire, lequel a plustost dict un mot que pensé.

Seulement le Comique se propose de représenter la vérité et naïveté de sa langue, comme les mœurs, les conditions et les estats de ceux qu'il met en jeu : sans toutesfois faire tort à sa pureté, laquelle est plustost entre le vulgaire (je dy si lon change quelques mots qui resentent leur terroir) qu'entre ces Courtizans, qui pensent avoir faict un beau coup, quand ils ont arraché la peau de quelque mot Latin, pour déguiser le François, qui n'ha aucune grâce (disent-ils), s'il ne donne à songer aux femmes, comme s'ils prenoyent plaisir de n'estre point entendus.

Tu ne trouveras donc estrange, Lecteur, si en ces Comédies tu ne trouves un langage recherché curieusement, et enrichi des plumes d'autruy : car je ne suis point de ceux qui font parler un cuisinier des choses célestes et descriptions des temps et des saisons, ou bien une simple chambrière françoise des amours de Jupiter avec Léda, et des vaillantises d'Alexandre le Grand. Je me contente seulement de donner aux François la Comédie en telle pureté qu'anciennement· l'ont baillée Aristophane aux Grecs, Plaute et Térence aux Romains... Toutesfois celles cy pourront suffire pour monstrer le chemin à ceux qui viendront après nous. Tu peux donc, maintenant, ami Lecteur, adverti de ce poinct, te mestre à lire ce Poëme : et si tu trouves quelque chose qui ne soit à ton goust, souvienne toy que ce n'est chose estrange, si ceux qui vont les premiers en un désert et pays incogneu se fourvoyent souventes fois de leur chemin.

From the notice "Au Lecteur" preceding the
two comedies in his Theatre, 1561.

Non, ce n'est pas de nous qu'il fault,
Pour accomplir cest eschaffault,
Attendre les farces prisées
Qu'on a tousjours moralisées :
Car ce n'est nostre intention   5
De mesler la religion
Dans le subject des choses feinctes.
Aussi jamais les lettres Sainctes
Ne furent données de Dieu
Pour en faire après quelque jeu.   10
Et puis tout' ces farces badines
Me semblent estre trop indignes
Pour estre mises au devant
Des yeux d'un homme plus sçavant.
  Celuy donc qui vouldra complaire   15

Tant seulement au populaire,
Celuy choisira les erreurs
Des plus ignorans basteleurs :
Il introduira la Nature,
Le Genre-humain, l'Agriculture,   20
Un Tout, un Rien, et un Chascun,
Le Faux-parler, le ·Bruict-commun,
Et telles choses qu'ignorance
Jadis mesla parmi la France.
    Que pourrons-nous donc inventer   25
Afin de chascun contenter ?
Quoy ? le badinage inutile
Par qui quelquefois Martin-Ville [8]
Se feit escouter de son temps ?
Quoy ? demandez vous ces Romans   30
Jouez d'une aussi sotte grâce
Que sotte est ceste populace
De qui tous seuls ils sont prisez ?
Vous estes bien mieux avisez,
Comme je croy : votre présence   35
Mérite avoir la jouissance
D'un discourse qui soit mieux limé.
Aussi avons-nous estimé
Que la gentille Poësie
Veult une matière choisie,   40
Digne d'estre mise aux escrits
De ceux qui ont meilleurs esprits
Et non pour estre ainsi souillée,
Ou en mille pars détaillée
Par ceux qui encor' ne l'ont pas   45
Saluée du premier pas :
Et qui pensent malgré Minerve
La retenir ainsi que serve,
Ou dans l'escale la lier
Ainsi qu'un petit escolier,   50

Non, non, ce n'est pas sa nature
Qu'elle s'en voise à l'avanture
Vers celuy qui la veult avoir.
Il fault premièrement sçavoir
Petit-à-petit sa pensée :   55
Car ell' ne veult estre forcée,
Ny traictée, comme souvent
Nous l'avons veue auparavant
Au joug d'une plume marastre.
    N'attendez donc en ce Théâtre   60
Ne farce, ne moralité :
Mais seulement l'antiquité,
Qui d'une face plus hardie
Se représente en Comédie :
Car onc je ne pourroy penser   65
Qu'aucun se voulût courroucer
Encontre nous, si pour mieux faire,
Nous voulons aux doctes complaire...
        La Trésorière, 1561, "Avant-jeu".

    Je ne suis pas icy venu
Pour vous conter par le menu
Le discours de la Comédie...   3
    Je viens de la part du Poëte   8
Lequel vous remonstre par moy
Ce qui plus le tient en esmoy :   10
Le premier poinct, c'est qu'on endure
Ces estourdis, faisans Mercure
De chaque bois mal raboté,
Pour servir l'Université.
Une grand'troupe mal choisie   15
Se joue de la poësie,
Et impudente, rimassant,
A cor-et-cry va pourchassant
Ceste Déesse tant prisée,

Dont ils font naistre la risée :   20
Car comme nouveaux basteleurs,
Afin d'enrichir les fureurs
De leurs tragédies farcées,
Ou leurs farces moralisées,
Pour la foiblesse de leurs reins,   25
A trompettes et tabourins,
Et gros mots qu'on ne peult entendre,
Ils se sont essaiez de rendre,
Et mouvoir au dedans du cœur
De plus attentif auditeur   30
Une pitié, une misère,
Au lieu qu'un bon vers le doit faire...

Les Esbahis, 1561, " Avant-jeu ".

[1] Jacques Grévin (c. 1539–70) studied medicine at Paris and became a friend of Ronsard and member of the Pléiade. His comedy *La Maubertine*, based on a supposed *fait-divers*, is lost but was probably the basis of *La Trésorière*, which was performed in 1558. His tragedy *César* (1560) was adapted from the Latin tragedy of the humanist Muretus. The comedy *Les Esbahis* (1560) is a vigorous if somewhat licentious work, again ostensibly based on a contemporary Parisian incident and notable for the character of Panthaleone, the Italian swashbuckling poltroon, who affords an opportunity for anti-Italian satire. Apart from some medical works, he wrote a considerable amount of poetry, including the inevitable sonnets of the usual Pléiade type, not without merit. On him, see L. Pinvert, *Jacques Grévin*, Paris, 1899, and the same author's edition of Grévin's *Théâtre complet et poésies choisies*, Paris, Garnier, 1922.
[2] The text given here is based on that of Pinvert's edition cited above (n. 1), pp. 6–10 ; 49–50 ; 51–3 ; 115–17. The last extract may also be found in Viollet-le-Duc's *Ancien Théâtre Français*, IV, Paris, Jannet, 1855, pp. 227–9.
[3] It is to his *César*, as well as to the two comedies, that this " Brief Discours " is an introduction.
[4] I.e. his *César*.
[5] Text has *de*.
[6] A claim not strictly true, whether it refer to French comedy in general or to Grévin's in particular. The ancient model most imitated was Terence, who, it is true, imitated Menander ; but the imitation of Terence in early French comedies is largely superficial.
[7] Susarion : Greek comic writer of the sixth century B.C. A native of Megaris, he transplanted Megarian comedy into Attica, whence he is sometimes accounted the founder of Attic comedy. Rulle : no doubt for Mulle ; Susarion, Mullus and Magnes are mentioned by Diomedes, from whom no doubt Grevin took the names, directly or indirectly. Nothing

appears to be known of this Mullus. Magnes : an Athenian comic writer of the fifth century B.C. He is mentioned by Aristophanes (*Knights*) as having lost his former popularity. The names cited in the following paragraph are better known and can be looked up in any history of classical comedy.

8 Martin-Ville : a celebrated *farceur* ; see Lintilhac, *Hist. gén. du théâtre*, II, p. 56.

ANDRÉ DE RIVAUDEAU [1]

Si [2] la disposition des temps m'eust peu souffrir mettre au jour les amples commentaires que j'ai faicts, il y a bien six ans, sur Electre, tragedie d'Euripide, nouvellement née par le labeur de Pierre Victorius,[3] et non encores exposée d'aucun, ils me dispenseroyent de ceste heure (comme encore enten-je qu'ils me dispensent à l'advenir, Dieu aydant) du travail, que j'eusse autrement pris au sueil de ceste oeuvre, de donner plus grande clarté à ceste partie de la Poësie. En laquelle depuis les premiers Grecs nul homme, à mon avis, a fidelement versé ni s'est composé au vray et naïf artifice que Seneque seul, qui encores ne se est du tout formalizé ni à l'art ni à la façon des anciens.

Vray est que ceux qui auront bien leu le petit traité d'Aristote n'auront pas grand besoin ni de tout ce que j'ay escript en mon livre, ni de ce que je sçauroy enseigner icy. Porquoy je les renvoye là ce pendant fors en ce qui n'est si bien rapporté à l'estat de nostre temps, à l'humeur de nostre nation et à la propriété de nostre langue, sans quoy le plus habile Grec de chrestienté, ni le philosophe mesmes qui en a escript, encores qu'ils entendeissent nostre, langage, sçauroient bien bastir une tragedie françoise. Cela se cognoistra aux discours que j'en ai faict sur Electre.

Maintenant je n'en ay rien à dire, fors que ceux qui font des tragedies ou comedies de plus d'un jour ou d'un tour de soleil (comme parle Aristote) faillent lourdement, ce que je di hardiment combien que Terence ait donné deux jours à son Eautontimorumene (c'est-à-dire à celui qui se chastie soy-mesme), et d'autres de mesmes.

Car en tout cela ne se peut sauver du vice, mais il est monstrueux d'y mettre beaucoup de mois ou d'ans, comme font quelques-uns. Mais ces tragedies sont bien bonnes et artificielles,[4] qui ne traitent rien plus que ce qui peut estre advenu en autant de temps que les spectateurs considerent l'ebat. Le vocable du philosophe, icy poete, est fort propre pour ce que je veux dire, et il est traduit par Marc Ciceron au commencement de son livre des Orateurs renommés à un autre propos.[5]

Mais je ne mesle point de grec parmi le françois. Je conseille à ces songés de poetes qui ont tant tiré à la courroye de l'Escriture sainte, sans faire un seul brodequin qui valust, que quand ils voudront amener un messager sur l'eschaffaut (qui ait en voyage de plus d'un jour affaire), qu'ils le facent parler ja retourné ; s'ils veulent envelopper en leur farce une chose avenue devant, qu'ils la facent conter sans la representer. Il y a mille autres moyens pour couvrir son jeu que je veux bien croire qu'ils entendent. Un moindre vice est de ce qu'ils appellent les machines, c'est-à-dire les moyens extra-ordinaires et surnaturels pour delier le noeud de la tragedie : un dieu fableux en campagne, un chariot porté par un dragon en l'air, et mille autres grossieres subtilités sans lesquelles les poetes mal fournis d'inventions ou d'art, ou mesprisans ce dernier, ne peuvent venir à bout de leur fusée ni depestrer le noeud gordien, sinon de la façon de grand Alexandre, à coups de baston. Aristote marque ceste faute en la Medée, et je l'ay cottée en Electre avec d'autres. Or, il ne faut imiter leur licencieuse façon, que nous pouvons blasmer comme Horace tenaille franchement celle de Plaute en son Art Poétique, où je renvoy aussi ceux qui voudront lire quelque chose de la tragedie, et à un gros volume qu'en a faict un Scaliger, dont je n'ay veu encore que le titre...[6]

Pour le reste, je me suis rangé le plus reservement et

estroitement que j'ay peu en escrivant ceste tragedie à l'art et au modelle des anciens Grecs, et n'ay esté ny trop superstitieux, ny trop licentieux, ny en la rime ny ès autres parties de la poësie.   Cela peux-je bien asseurer, et quelques uns de mes familiers me sont fideles tesmoins que devant que me contenter de moy-mesmes en ce genre d'escrire, j'ai fait des tragedies en toutes les langues qu'on en list aujourd'huy.

Aman, 1566, "Avant-parler".

[1] André de Rivaudeau (c. 1540–80) published his *Aman* in his *Oeuvres Poétiques*, 1566.

[2] The text given here is based on the edition by C. Mourain de Sourdeval, Paris, Aubry, 1859 ; the "Avant-parler" pp. 43–52.

[3] Petrus Victorius or Pietro Vettori (died 1585), professor of classical literature at Florence, enjoyed a great reputation in his day as textual critic ; among other works he published a complete Cicero in 1534.

[4] I.e. artistic, workmanlike.

[5] I have not been able to trace this obscure allusion.

[6] Scaliger's *Poetices* had appeared in 1561. See Appendix II. The interval between this paragraph and the next given here is occupied by a long discussion of the date and circumstances of the Esther story.

LOUIS DES MASURES [1]

Ceste [2] sainte Parole...   63
M'a donné argument, pour en nombres divers   67
Escrire et t'adresser quelques tragiques vers :
Afin qu'en escrivant je laisse au moins les feinctes
Pour ma plume reigler sur les histoires sainctes.   70
A cela m'a semblé convenable David...

De Dieu donc, et des siens en son Nom, les victoires   89
Me font escrire en vers ces tragiques histoires,
Qui serviront aussi pour instruire et former
A craindre le Seigneur, et de vertu s'armer,
Mon petit Masurin...[3]   93

Aussi l'ay-je voulu ici representer [4]   119
Pour servir à instruire, et non pour plaisanter,
Ni de Dieu le mystere et la saincte Parole
Destourner, par abus, à chose vaine et fole,
Comme pour quelquefois les yeux rendre contens
Sont les publiques jeux produits à passe-temps...   124

Ces personnages donc, pour les cognoistre mieux,   167
Ay-je voulu ici representer aux yeux
Des benins spectateurs. Mais l'action presente
J'ay cependant rendue entierement exempte   170
Des mensonges forgez, et des termes nouveaux,
Qui plaisent volontiers aux humides cerveaux
Des delicates gens, voulans [5] qu'on s'estudie
De rendre au naturel l'antique Tragedie.
Moy, qui de leur complaire en cela n'ay souci, 175

Pour l'histoire sacrée amplifier ainsi
De mots, d'inventions, de fables mensongeres,
J'ay volontiers quitté ces façons estrangeres
Aux profanes autheurs, ausquels honneur exquis
Est par bien inventer, feindre et mentir acquis :   180
Et à la verité simple, innocente et pure
(Pour envers le Seigneur ne faire offense dure)
Me suis assujetti...   183

Afin donc qu'au theatre icelle j'accommode,   193
Ici je represente, à l'ancienne mode,
Quelques tragiques traits, lesquels je forme, autant
Que la chose de soy me le va permettant.
Parquoy si point ne sont agreables mes carmes
Aux esprits desireux des passions et larmes
Que peuvent exprimer les autres escrivains,
Traitans sujets pour eux et profanes et vains,   200
Je les laisse admirer d'iceux la libre course,
Qui desguise l'histoire et la verité, pour-ce
Que leur loy le permet.   Assez ce me sera
Quand equitablement la cause on jugera,
Mettant la difference (aux bons juges notoire)   205
Entre les saincts Escrits et la profane histoire.
Seulement ay voulu (laissant la marche à part
Du brodequin tragique et des termes le fard)
Retenir, pour enseigne aux passans rencontrée,
Le nom de Tragedie, et l'escrire à l'entrée.   210
    Que si quelqu'un s'avance à reprocher ce poinct,
Que la chose deduite au nom ne respond point,
Et que sentir au vray ne fait ma basse vene
Le Tragique, induisant à la fin de la Scene
Un spectacle piteux · et miserable à voir :   215
Pour response, je donne à entendre et sçavoir
Que David, endurant tousjours nouvelle playe,
Joue une Tragedie assiduelle et vraye,

Duquel ainsi la vie agitée en tout lieu,
Est figure de Christ, et des enfans de Dieu,   220
Qui par croix, et misere, et peine rigoureuse,
Contendent vaillamment à la victoire heureuse.[6]

Tragedies Sainctes, 1566, "Epistre au
Seigneur Philippe le Brun ".

[1] Louis des Masures (c. 1510–80), Calvinist poet and dramatist. Did some translations, including Vida's poem on Chess (1557) and Virgil's *Aeneid* (completed 1560). His *Tragedies Sainctes* (*David combattant, David triomphant, David fugitif*) were first published in 1566 ; they are not of regular form : they have prologues, but are divided into episodes by "pauses" ; they have choruses of Israelites and Philistines who sometimes sing "cantiques" and sometimes intervene in the dialogue ; they do not observe the Horatian precepts on *bienséance* (e.g. stage directions instruct David in one place to cut off Goliath's head *coram populo* !) ; they are largely lyrical in tone, vigorous and eloquent, sometimes deliberately archaic in style. Indeed, the trilogy forms something not unlike an elaborate *mystère* in three *journées*. The characters are well developed and the psychology often delicate.

[2] The text printed here is based on the critical edition by Charles Comte, Paris, Droz, 1933 (S.T.F.M.), which I have collated with the edition of Anvers, Nicolas Soolman, 1582. In the modern edition, the extracts will be found on pp. 3–11 ; the prologue to *David triomphant* (see below, note 6) on p. 97. The verses are numbered as they occur in the text.

[3] His son, nephew of Philippe le Brun, to whom this epistle is addressed.

[4] I.e. David.

[5] qui veulent...

[6] Similar ideas are expressed in the prologue to *David triomphant*, esp. verses 33 and ff.

JEAN DE LA TAILLE [1]

La Tragedie [2] donc est une espece et un genre de Poësie non vulgaire, mais autant elegant, beau et excellent qu'il est possible. Son vray subject ne traicte que de piteuses ruines des grands Seigneurs, que des inconstances de Fortune, que bannissements, guerres, pestes, famines, captivitez, execrables cruautez des Tyrans ; et bref, que larmes et miseres extremes, et non point de choses qui arrivent tous les jours naturellement et par raison commune, comme d'un qui mourroit de sa propre mort, d'un qui seroit tué de son ennemy, ou d'un qui seroit condamné à mourir par les loix, et pour ses demerites : car tout cela n'esmouveroit pas aisément, et à peine m'arracheroit il une larme de l'oeil, veu que la vraye et seule intention d'une tragedie est d'esmouvoir et de poindre merveilleusement les affections d'un chascun. Car il fault que le subject en soit si pitoyable et poignant de soy, qu'estant mesmes en bref et nument dit, engendre en nous quelque passion, [3] comme qui vous conteroit d'un à qui l'on fit malheureusement manger ses propres fils, de sorte que le pere (sans le sçavoir) servit de sepulchre à ses enfans [4] ; et d'un autre qui, ne pouvant trouver un bourreau pour finir ses jours et ses maux, fut contraint de faire ce piteux office de sa propre main.

Que le subject aussi ne soit de Seigneurs extremement meschants, et que pour leurs crimes horribles ils meritassent punition ; n'aussi, par mesme raison, de ceulx qui sont du tout bons, gens de bien et de saincte vie, comme d'un Socrates, bien qu'à tort empoisonné.

Voyla pourquoy tous subjects n'estants tels seront

tousjours froids et indignes du nom de Tragedie, comme
celuy du sacrifice d'Abraham, où ceste fainte de faire
sacrifier Isaac, par laquelle Dieu esprouve Abraham,
n'apporte rien de malheur à la fin ⁵ ; et d'un autre où
Goliath, ennemy d'Israël et de nostre religion, est tué
par David son hayneux, laquelle chose tant s'en faut
qu'elle nous cause quelque compassion, que ce sera
plustost un aise et contentement qu'elle nous baillera.⁶
Il fault tousjours representer l'histoire ou le jeu en un
mesme jour, en un mesme temps, et en un mesme lieu ;
aussi se garder de ne faire chose sur la scene qui ne s'y
puisse commodément et honnestement faire, comme
de n'y faire executer des meurtres et autres morts, et non
par fainte ou autrement, car chascun verra bien tousjours
que c'est, et que ce n'est tousjours que faintise, ainsi que
fit quelqu'un qui avec trop peu de reverence, et non
selon l'art, fit par fainte crucifier en plein theatre ce
grand Sauveur de nous tous.⁷
Quant à ceulx qui disent qu'il fault qu'une Tragedie
soit tousjours joyeuse au commencement et triste à la
fin, et une Comedie (qui luy est semblable quant à l'art
et disposition, et non du subject) soit au rebours, je leur
advise que cela n'advient pas tousjours, pour la diversité
des subjects et bastiments ⁸ de chascun de ces deux poëmes.
Or c'est le principal point d'une Tragedie de la sçavoir
bien disposer, bien bastir, et la deduire de sorte qu'elle
change, transforme, manie, et tourne l'esprit des escou-
tans de çà, de là,⁹ et faire qu'ils voyent maintenant une
joye tournée tout soudain en tristesse, et maintenant au
rebours, à l'exemple des choses humaines.¹⁰
Qu'elle soit bien entre-lassée, meslée, entrecoupée,
reprise, et sur tout à la fin rapportée à quelque resolution
et but de ce qu'on avoit entrepris d'y traicter. Qu'il
n'y ait rien d'oisif, d'inutil, ny rien qui soit mal à propos.
Et si c'est un subject qui appartienne aux lettres divines,

qu'il n'y ait point un tas de discours de Theologie, comme choses qui derogent au vray subject, et qui seroient mieux seantes à un presche : et pour ceste cause se garder d'y faire parler des personnes qu'on appelle faintes, et qui ne furent jamais, comme la Mort, la Verité, l'Avarice, le Monde et d'autres ainsi, car il fauldroit qu'il y eust des personnes ainsi de mesmes contrefaittes qui y prinssent plaisir.

Voila quant au subject : mais quant à l'art qu'il fault pour la disposer et mettre par escript, c'est de la diviser en cinq actes, et faire de sorte que la scene estant vuide de joueurs, un acte soit finy et le sens aucunement parfait. Il fault qu'il y ait un Choeur, c'est à dire, une assemblée d'hommes ou de femmes, qui à la fin de l'acte discourent sur ce qui aura esté dit devant. Et surtout d'observer ceste maniere de taire et suppleer ce que facilement sans exprimer se pourroit entendre avoir esté fait en derriere : et de ne commencer à deduire sa Tragedie par le commencement de l'histoire ou du subject, ains vers le milieu ou la fin (ce qui est un des principaux secrets de l'art dont je vous parle), à la mode des meilleurs poëtes vieux et de ces grands oeuvres heroïques, et ce à fin de ne l'ouïr froidement, mais avec ceste attente et ce plaisir d'en sçavoir le commencement et puis la fin après.

Mais je serois trop long à deduire par le menu ce propos que ce grand Aristote, en ses *Poëtiques*, et après luy Horace (mais non avec telle subtilité) ont continué plus amplement et mieux que moy, qui ne me suis accommodé qu'à vous, et non aux difficiles et graves oreilles des plus sçavants.

Seulement vous adviseray-je qu'autant de Tragedies et Comedies, de Farces et Moralitez (où bien souvent n'y a sens ny raison, mais des paroles ridicules avec quelque badinage) et autres jeux qui ne sont faicts selon le vray art et au moule des vieux, comme d'un Sophocle, Euripide

et Seneque, ne peuvent estre que chose ignorantes, mal-
faites, indignes d'en faire cas, et qui ne deussent servir de
passetemps qu'aux vallets et menu populaire, et non aux
personnes graves. Et voudrois bien qu'on eust banny
de France telles ameres espiceries qui gastent le goust de
nostre langue,[11] et qu'au lieu on y eust adopté et naturalisé
la vraye Tragedie et Comedie, qui n'y sont point encor
à grand'peine parvenues, et qui toutefois auroient aussi
bonne grace en nostre langue françoise qu'en la grecque
et latine.[12]

"De l'Art de la Tragedie", preface to *Saül*, 1572.

[1] Jean de la Taille (c. 1533–1608), chiefly known as dramatist, but also
pamphleteer and satirical poet, published his *Saül le furieux* in 1572, his
La Famine ou les Gabéonites and his comedies *Le Négromant* (after Ariosto)
and *Les Corrivaux* in 1573. For details, see F. West's edition of the " Art
de la Tragedie " cited below (note 2) ; see also E. Faguet, *La tragédie
française au XVIe siècle*, Paris, 1883 and T. A. Daley, *Jean de la Taille (1533–
1608) ; étude historique et littéraire*, Paris, 1934. There is an incomplete
edition of his works by R. de Maulde, Paris, 1878–82, 4 vols.

[2] The whole of this treatise can be conveniently studied in the excellent
edition by F. West, Manchester Un. Press, 1939 ; note particularly its
introduction, pp. 4–9 (sketch of dramatic theory in France up to 1572)
and pp. 9–19 (significance of the treatise). The treatise begins with a
recognition that the civil wars would furnish matter for tragedies : " ce
neantmoins, pour n'estre du tout le propre subject, et pour ne remuer nos
vieilles et nouvelles douleurs, volontiers je m'en deporte, aimant trop mieux
descrire le malheur d'autruy que le nostre..."

[3] Here in the sense of " suffering ", i.e. pity or terror.

[4] Thyestes. Aristotle ranks this subject high. It had been treated in
antiquity, but it is likely that Jean de la Taille is thinking particularly
of Seneca's tragedy.

[5] There can be little doubt that this is a criticism of Théodore de Bèze's
Abraham sacrifiant.

[6] The reference is to the *Tragedies Sainctes* of Louis des Masures.

[7] As in the *mystères*. It is recounted that at Metz in 1473 the priest
who played the part of Jesus almost died as a result of hanging on the
cross while he recited several hundred lines.

[8] I.e. on account of the great diversity of subject and structure legitimate
in both dramatic genres.

[9] Compare Du Bellay, *Deffence et Ill.*, éd. Chamard, p. 314 and note 4
(for parallels in antiquity), and *Regretz*, sonnet CLVI, vv. 9–14 (éd.
Chamard, Paris, Hachette, 1927 (S.T.F.M.), p. 177), where the reference
is to the tragic poet Jodelle.

[10] The argument here is not at all clear. If it means that the genre is
determined not by ending but by tone, it is an extremely interesting novelty
in dramatic doctrine in France, though Castelvetro, in his *La Poetica*

d'Aristotele (1570) had taken a similar line : see West's edition of la Taille's treatise, p. 26, note.   Taken at its face value, la Taille's statement might easily lead to a doctrine of the fusion of the " regular " genres in tragi-comedy or to even greater " irregularity ".   The French theorist's words would, however, appear to be a misunderstanding or a misstatement of certain passages of Aristotle, e.g. " Tragedy is essentially an imitation not of persons but of action and life, of happiness and misery " ; " the critics . . . are wrong, who blame Euripides for . . . giving many of them an unhappy ending.   It is, as we have said, the right line to take.   The best proof is this : on the stage, and in the public performances, such plays, properly worked out, are seen to be the most truly tragic " ; " . . . an opposite issue for the good and the bad personages . . . the pleasure here is not that of Tragedy.   It belongs rather to Comedy, where the bitterest enemies in the piece (e.g. Orestes and Aegisthus) walk off good friends at the end, with no slaying of any one by any one ".   I. Bywater's translation of *Aristotle on the Art of Poetry*, Oxford, Clarendon Press, 1920, pp. 37, 51–2.

¹¹ Du Bellay had used almost identical words in the *Deffence et Ill.*, à propos of the old poetical forms.   See Chamard's edition, p. 202.

¹² The treatise concludes with a wish that kings and great lords would learn the pleasure of good performances of true tragedy and comedy in such a theatre as he (Jean de la Taille) could devise ; an attack on inferior dramatic works which ease of printing has produced ; a defence of the dignity of play-writing ; his own choice of subject (Saul) and a discussion of Samuel's spirit (details he leaves to the theologians) ; the statement, found also, e.g. in Grévin, that there had been no real tragedies and comedies in France ; and ending with the wish for his patroness " qu'il n'y advienne à vous, ny à vostre excellente maison chose dont on puisse faire Tragedie ".   For the last sentiment, compare the anecdote of Euripides and Archelaus in extracts from Diomedes and J. Peletier de Mans, above.   It may be noted that, in his prologue to *Les Corrivaus*, la Taille treats of comedy along usual lines : the need of imitating Greek, Latin and Italian authors ; a condemnation of farce and morality ; the dignity of the comic writer ; the comedy as a mirror of life.

PIERRE DE LARIVEY [1]

J'ay [2] tousjours pensé que ma nouvelle façon d'escrire en ce nouveau genre de Comedie, qui n'a encores esté beaucoup praticqué entre noz François, ne sera tant bien receue de quelques uns trop sévères, comme je serois ayse me le pouvoir persuader ; occasion qui m'a long temps fait doubter si je devoy faire veoir le jour à ce mien petit ouvrage, à la moderne et sur le patron de plusieurs bons auteurs Italiens, comme Laurens de Medicis, père du pape Leon dixième, François Grassin, Vincent Gabian, Jherosme Razzi, Nicolas Bonnepart, Loys Dolce et autres, qui ont autant acquis de reputation en leur vivant et esperé de memoire après leur decès, s'esbatans en ces Comedies morales et facecieuses, comme s'exerceans en l'histoire ou en la filosofie, esquelles ils n'estoient pas moins versez qu'en toutes bonnes sciences.

Toutesfois, considérant que la Comedie, vray miroüer de noz œuvres, n'est qu'une morale filosofie, donnant lumière à toute honneste discipline, et par consequent à toute vertu, ainsi que le tesmoigne Andronique, qui premier l'a faict veoir aux Latins, j'en ay voulu jetter ces premiers fondemens, où j'ay mis, comme en bloc, divers enseignemens fort profitables, blasmant les vitieuses actions et louant les honnestes, affin de faire cognoistre combien le mal est à eviter, et avec quel courage et affection la vertu doibt estre embrassée, pour meriter louange, acquerir honneur en ceste vie et esperer non seulement une gloire eternelle entre les hommes, mais une celeste recompense après le trespas.

Et voylà pourquoy mon intention a esté, en ces popu-

75

laires discours, de representer quelque chose sentant sa
verité, qui peust par un honneste plaisir apporter, suivant
le precepte d'Horace, quelque profit et contentement
ensemble.

J'ay dict que j'en jette les premiers fondemens, non que
par là je veulle inferer que je sois le premier qui faict
veoir des Comedies en prose,[3] car je sçay qu'assez de
bons ouvriers, et qui meritent beaucoup pour la promp-
titude de leur esprit, en ont traduict quelques unes ;
mais aussi puis-je dire cecy sans arrogance, que je n'en
ay encores vu de françoises, j'enten qui ayent esté representées comme advenues en France.[4]

Or, si je n'ay voulu en ce peu, contre l'opinion de
beaucoup, obliger la franchise de ma liberté de parler à
la severité de la loy de ces critiques qui veullent que la
Comedie soit un Poëme subject au nombre et mesure
des vers (ce que, sans me vanter, j'eusse pu faire), je l'ay
faict parce qu'il m'a semblé que le commun peuple, qui
est le principal personnage de la scène, ne s'estudie tant
à agencer ses paroles qu'à publier son affection, qu'il a
plutost dicte que pensée.

Il est bien vray que Plaute, Cecil, Terence et tous les
anciens ont embrassé, si non le vray cors, à tout le moins
l'ombre de la poësie, usans de quelques vers iambiques,
mais avec telle liberté, licence et dissolution, que les
orateurs mesmes sont, le plus souvent, mieux serrez en
leurs periodes et cadances ; qui a donné occasion de
rappeller en doubte s'il falloit mettre la Comedie entre
les poëmes parfaicts, bien qu'elle soit soeur germaine de
la Tragedie, issues toutes deux de mesmes parens, encor
que ceste cy, comme puis-née, n'ayt pas esté mariée en
si haut lieu.   Et, comme vous sçavez, c'est l'opinion des
meilleurs antiquaires, que le *Querolus* de Plaute, et plusieurs autres Comedies qui sont peries par l'injure du
temps, ne furent jamais qu'en pure prose.[5]

Joint aussi que le cardinal Bibiene, le Picolomini et l'Aretin, tous les plus excellens de leur siècle, et les autres dont j'ay parlé cy dessus, et lesquels j'ay voulu principalement imiter et suyvre en ce que j'ay pensé m'estre possible et permis, n'ont jamais, en leurs œuvres comiques, jaçoit qu'ils fussent des premiers en la poësie, voulu employer la rithme, comme n'estant requise en telle manière d'escrire, pour sa trop grande affectation et abondance de parolles superflues...

> *Les Six Premières Comedies*, 1579, "Epistre à Monsieur d'Amboise ".

Affin de vous honorer (Messieurs), nous vous representons ceste comedie, spectacle beaucoup plus plaisant et recommendable que les chasteaux, les chasses, les joustes et autres tels passetemps, qui recreent seulement la veue, mais cestuy-cy delecte les yeux, les oreilles et l'entendement : les yeux, par la varieté des gestes et personages y representez... ; les oreilles, par les plaisans et sentencieux discours qui y sont meslez ; et l'entendement, par ce que, la comedie estant le mirouer de nostre vie, les vieillards aprennent à se garder de ce qui paroist ridicule en un homme d'aage, les jeunes à se gouverner en l'amour, les dames à conserver leur honnesteté, et les pères et mères de famille à soigner aux affaires de leur mesnage.

Bref, si les autres spectacles delectent et sont propres à la jeunesse, cestuy-cy delecte, enseigne, et est propre aux jeunes, aux vieux, et à un chacun. Et si les autres monstrent la dexterité du corps, cestuy-cy monstre la dexterité de l'esprit : car, comme une peinture est recommandée si, representant une belle histoire, elle est bien accommodée de couleurs, de beaux traits, lineamens, proportion, prospective, et finablement enrichie de festons, bordures et vernis, ainsi est belle la comedie, si premierement la fable est embellie par industrieuses

tromperies et gaillards et improveuz evenemens, puis
tissue de graves et plaisans discours, plains de sentences,
comparaisons, metafores, railleries, et promptes et aigues
responses, non d'inepties qui, comme choses goffes et
peu honnestes, font rire les ignorans, mais d'une modeste
gayeté et soigneuse prudence qui emeuvent encores les
plus doctes.

La Vefve, 1579, prologue.

Nous ne pouvons faire aucune chose qui soit belle, si,
comme en un mirouer, nous ne nous representons ceste
antiquité. Voylà pourquoy l'auteur, pensant à toutes
ces choses, mesmes que Plaute et Terence ont esté grands
imitateurs (car l'un a suivy Epicarme, et l'autre Menandre)
et que ce luy seroit une trop grande presomption, voire
expresse ignorance, si encor il ne suyvoit les traces de
ceste sacrée antiquité, il a faict ceste comedie à l'imitation
et de Plaute et de Terence ensemble...[6]

Les Esprits, 1579, prologue.

(The following extracts are taken from the prologues
of plays first published in 1611 :

Je sçay bien que plusieurs ne prennent goust qu'à l'antiquité,
dont ils font si grande estime qu'ils la logeroient volontiers
au ciel, blasmant tous ceux qui ne les ressemblent et ne sont
de leur opinion. Autres veullent que, comme les aages sont
variables et diffèrent l'un de l'autre, et d'autant qu'aujourd'huy
l'on n'use des mesmes choses dont l'on usoit il y a vingt ans,
qu'ainsy les modernes comedies ne doivent être pareilles à
celles qui estoient il y a mil six cens ans passez et plus, nostre
vivre n'estant pareil au leur. Ceux-là disent qu'en Grèce ou
à Rome on usoit d'un autre langage, d'autre façon de vivre,
d'autres costumes, d'autres loix, et, ce qui importe le plus,
d'une religion toute contraire à la nostre chrestienne et
catholique, et autres finalement ne s'en esloignent du tout,
encores qu'ils se soient oubliez aux reigles, preceptes et usages
qu'ont tenu les anciens recommandables comiques, qui seront
tousjours prisez et estimez d'un chacun ; mais, quoy qu'il en

soit, il faut surtout que les comedies soient faictes pour instruire, et encore pour donner plaisir.

Parquoy, pour revenir à nostre propos, il est malaisé que les hommes puissent faire chose qui agrée à un chacun, l'un ayant les aureilles sourdes, l'autre les yeux esblouys, et cestui-cy l'esprit esgaré en ses fantastiques contemplations. C'est pourquoy nostre autheur, qui en cecy a voulu imiter les Latins, les Italiens, et autres modernes, portera patiemment le blasme qui luy pourroit être imputé par aucuns, qui, par avanture, en ce recit penseront estre blasmez, à quoy il n'a jamais pensé.

Si diray bien que, si quelcun a opinion n'estre vray semblable ce qui est raconté de la bonté et fidelité des femmes et des hommes introduicts ès actes de la scène, peut estre parce que peu souvent se trouvent des femmes si chastes et fidelles, et des hommes si rares en bonté, ce neanmoins (recours aux histoires) s'en trouvent plusieurs de l'un et de l'autre sexe qui ont esté, et en y a encores à present qui sont semblables aux nostres en amour, foy et exemple de chasteté.

La Constance, 1611, prologue.

Doncques, si quelqu'un est icy venu en intention de rire, esperant veoir representer la simplicité d'un vieillard et ancien marchant, les sottises d'un nyais valet, les gourmandises et deshonnestetés d'un escornifleur et l'immondicité d'un ivrogne, choses à mon jugement vergongneuses à representer à tous nobles et sublimes esprits, je le prie s'en aller ailleurs, pour ce que ceste comedie, differente quasi de toutes les autres et assez longue, ne represente rien de tout cela ; et ce qui importe le plus, c'est qu'elle, estant enfantée d'un juste desdain, a peut-estre plus d'ennuy et de fascherie que d'allegresse et recreation.

Le Fidelle, 1611, prologue.)

[1] Pierre de Larivey (c. 1540–1612 ?), canon of Troyes, of Italian extraction ; amongst other works, some pious, translated the *Facetieuses Nuits* of Straparola, 1572. The first six comedies appeared in 1579, the other three in 1611. All nine are to be found in Viollet-le-Duc's *Ancien Théâtre Français*, Vols. V–VII.

[2] The text given here is that of the *Ancien Théâtre Français*, which has been compared with original editions. It should be noted that the epistle to M. d'Amboise appears to be Larivey's own ; all the prologues except that of *Les Esprits*, follow, with only slight modification, those of the Italian authors concerned : for *La Vefve*, that of Nicolo Buonaparte ; *La Constance* that of Girolamo Razzi ; *Le Fidelle* that of Luigi Pasqualigo. The pro-

logue of *Les Esprits* does not follow that of Lorenzino de' Medici ; it may be Larivey's own or may have been taken from the prologue to some other Italian play.

[3] Apart from a number of prose translations of Terence, some prose versions of Italian comedies had already appeared, e.g. Charles Estienne's *Le Sacrifice* (later called *Les Abusez*), 1543 ; Jean-Pierre de Mesme's *Les Supposez*, 1552, a version of Ariosto's *Suppositi* ; Jean de la Taille's *Le Negromant*, 1573, a version of Ariosto's *Negromante*. La Taille's *Les Corrivaux* was also in prose.

[4] Did Larivey not know or did he deliberately ignore Jodelle's *Eugène*, the two comedies of Grévin, Belleau's *Reconnue* ?

[5] The *Querolus*, formerly attributed to Plautus, is thought to have been composed in Gaul in the fourth century ; the metres in which it is written have aroused much discussion. It may also be noted that early printed editions of the ancient comic poets frequently gave the text in prose form.

[6] The comedy is actually adapted from the *Aridosio* of Lorenzino de' Medici, which in its turn is a " contamination " of the *Aulularia* of Plautus and Terence's *Adelphoe*. Similar sentiments to those in this prologue and a defence of the moral value of comedy are to be found in the prologue to *Les Jaloux*, 1579.

ROBERT GARNIER [1]

Ay reste[2] je luy ay cousu une pièce de fiction de la mort de la Nourrice, pour l'envelopper d'avantage en choses funèbres et lamentables, et en ensanglanter la catastrophe.

Porcie, 1568, " Argument ".

Et parce qu'il n'y a point de Chœurs, comme aux tragédies précédentes, pour la distinction des actes celuy qui voudroit faire représenter cette Bradamante sera, s'il luy plaist, adverty d'user d'entremets, et les interposer entre les actes pour ne les confondre, et ne mettre en continuation de propos ce qui requiert quelque distance de temps.

Bradamante, 1580, " Argument ".

[1] Robert Garnier (1544–90), distinguished magistrate, friend of Ronsard and the finest writer of tragedy in the sixteenth century, is sufficiently well known to be found in any of the usual works of reference. A modern edition of his *Oeuvres complètes*, edited by L. Pinvert, was published by Garnier, Paris, 1923, 2 vols. It has a good introduction and useful notes. See also M. S. Bernage, *Etude sur Robert Garnier*, Paris, 1880 ; J. Rolland, *La tragédie française au XVIe siècle*—" *Les Juifves* ", Paris, 1911 ; R. Lebègue, " Robert Garnier ", *Rev. des Cours et Conf.*, 1931.

[2] Garnier has just given, as he does in each of his " Arguments ", his literary or historical sources. The absence of theoretical writings by Garnier is remarkable in view of the level of his achievement ; much may be learned from the close study of his tragedies, and of his tragi-comedy *Bradamante*.

FRANÇOIS D'AMBOISE [1]

Scipion et Lelie, sage senateur, aidoyent à Terence et luy servoient de protocole à minuter et recorriger ses comedies, tant prisées de tous les estats de la republique romaine. C'estoit en ces exercices et spectacles que les triomphans Cesars faisoyent plus de despence et somptuosité. Nos roys, de toute ancienneté, ont pris plaisir d'en voir telles que leur siècle rude le pouvoit porter, affin d'apprendre par icelles la manière de vivre de leurs subjects, et ne se soucioyent guères d'y faire observer les preceptes des Grecs et Romains anciens... En ceste-cy on y trouvera un françois aussi pur et correct qu'il s'en soit veu depuis que nostre langue est montée à ce comble, à l'aide de tant de laborieux et subtils esprits qui y ont chacun contribué de leur travail et diligence pour la rendre polie et parfaicte. La lecture et la conferance en rendront seur tesmoignage, outre la gentillesse de l'invention, le bel ordre, la diversité du subject, les sages discours, les bons enseignemens, sentences, exemples et proverbes, les faceties et sornettes dont elle est semée de toutes parts, et n'y a rien qui ne soit bien digne de venir devant les yeux les plus chastes et modestes.

Les Néapolitaines, 1584, ''Préface de Thierri de Timofile...'' [2]

Ceux qui ont donné les preceptes de l'art poetique disent que les graves tragedies sont basties, le plus souvent, sur un sujet veritable traitant les tristes accidens qui tourmentent et ruinent les roys, princes et potentas, tesmoing ce qu'en dit Euripide au roy Archelas, et que les comedies ont pour argument quelque nouvelle inventée à plaisir pour servir de miroir au simple populaire.

82

Mais cette reigle, Messieurs, n'est pas si generale que nous ne luy ayons apporté pour exception cette comedie, que nous vous allons representer sous le nom des *Neapolitaines*, laquelle, pour estre plaisante et facetieuse autant qu'autre qui ait cy-devant animé le riant theâtre, ne laisse pas de contenir une histoire vraye et fort recreative avenue de nostre tems, en la ville capitale de ce royaume, entre trois personnages de diverses nations, de laquelle plusieurs se peuvent bien ressouvenir pour avoir veu ou par ouidire...[3]

Les Néapolitaines, 1584, "Prologue ou Avant-Jeu".

[1] François d'Amboise (1550–1620), court official, *conseiller d'état*, author of many and varied works. It was to him that Larivey dedicated his comedies. His comedy *Les Néapolitaines* is to be found in Viollet-le-Duc's *Ancien Théâtre Français*, VII, pp. 233 and ff., and in Fournier's *Théâtre fr. au XVIe et au XVIIe siècle*, pp. 132 and ff. The comedy is lively and interesting, undoubtedly one of the best of the century ; it shows strong Italian influence and an Italian model has been sought for it. It appears to be based on reminiscence (if not more) of the *Furto* of Francesco d'Ambra, 1564.

[2] This was a pseudonym of François d'Amboise himself.

[3] The use of the *fait-divers* has already been seen in Grévin's comedies.

PIERRE DE RONSARD [1]

Car si les sentences sont trop frequentes en ton œuvre Heroique, tu le rendras monstrueux, comme si tout ton corps n'estoit composé que d'yeux et non d'autres membres, qui servent beaucoup au commerce de nostre vie : si ce n'estoit en la Tragedie et Comedie, lesquelles sont du tout didascaliques et enseignantes, et qu'il faut qu'en peu de paroles elles enseignent beaucoup, comme mirouers de la vie humaine : d'autant qu'elles sont bornées et limitées de peu d'espace, c'est à dire d'un jour entier.

Les plus excellens maistres de ce mestier les commencent d'une minuict à l'autre, et non du poinct du jour au Soleil couchant, pour avoir plus d'estendue et de longueur de temps...

...le Poëte [2] bien advisé, plain de laborieuse industrie, commence son œuvre par le milieu de l'argument, et quelquefois par la fin : puis il deduit, file et poursuit si bien son argument par le particulier accident et evenement de la matiere qu'il s'est proposé d'escrire, tantost par personnages parlans les uns aux autres, tantost par songes, propheties et peintures inserées contre le dos d'une muraille et des harnois, [3] et principalement des boucliers, ou par les dernieres paroles des hommes qui meurent, ou par augures et vol d'oiseaux et phantastiques visions de Dieux et de demons, ou monstrueux langages des chevaux navrez à mort : tellement que le dernier acte de l'ouvrage se cole, se lie et s'enchesne si bien et si à propos l'un dedans l'autre, que la fin

se rapporte dextrement et artificiellement [4] au premier
doinct de l'argument. Telles façons d'escrire, et tel art
plus divin que humain est particulier aux Poëtes, lequel
pe prime face est caché au Lecteur, s'il n'a l'esprit bien
rusé pour comprendre un tel artifice.

La Franciade, preface of 1587.

Tu dois sçavoir que toute sorte de Poësie a l'argument
propre et convenable à son subject : ... la Tragique,
morts et miserables accidents de Princes : la Comique,
la licence effrenée de la jeunesse, les ruses des Courti-
zannes, avarice de vieillards, tromperie de valets...[5]

Les Odes, notice "Au Lecteur" of 1587.

[1] It is interesting that Ronsard has nothing to say about the theatre
in his *Abrégé de l'Art Poëtique* (1565), though he was clearly interested in
the drama. In 1549 he had translated the *Plutus* of Aristophanes. In
1556, in the " Elégie à son Livre ", he says :

> S'il advient quelque jour que d'une voix hardie
> J'anime l'eschafaut par une tragedie
> Sentencieuse et grave, alors je feray voir
> Combien peuvent les nerfs de mon petit sçavoir.
> Et si quelque furie en mes vers je rencontre,
> Hardy j'opposeray mes Muses alencontre :
> Et feray resonner d'un haut et grave son
> (Pour avoir part au bouc) la tragique tançon.

Moreover, in a " Discours à Odet de Coligny " (1560) and in the " Vers
recitez sur le theatre à la fin de la Comedie representée à Fontainebleau "
(1565), he likens life to a stage play in which Fortune, unstable and powerful, changes men's roles and estates and rules the performance. These
two pieces can profitably be consulted for an idea of what Ronsard's plays
might have been, had he written any. In the 1572 preface to the *Franciade*
we find this allusion to tragedy : "...l'industrie des Tragiques, où quand
le Poëte ne peut desmesler son dire, et que la chose est douteuse, il fait
tousjours comparoistre quelque Dieu pour esclaircir l'obscur de la matiere ".
[2] In this paragraph, Ronsard is really addressing the epic poet, but he
also seems to have had the dramatic poet in mind, as his use of the words
" argument " and " acte " suggests. In so far as the drama is considered
a poem, much of the general doctrine applying to the poetic art applies
also to drama. Here, however, Ronsard is thinking of the precepts of
both Aristotle and Horace.
[3] This detail and those immediately following will readily be seen to
apply to epic rather than tragedy.
[4] I.e. with art, skilfully.
[5] Cf. Epitaphium Terentii, Appendix I.

PIERRE MATTHIEU [1]

Tragoediae [2] *Dialogismus ex P. Matthaei iconographicis*
Emblematibus decerptus

Matthaeus et Tragoedia colloquuntur.

MA. Quae tu tanta sonans grauitate? TR. Tragoedia
dicor.
MA. Ortus unde capis? TR. Temporis auspiciis.
MA. Quis pater? TR. Euentus. MA. Genetrix? TR.
Rhamnusia. MA. Fratres?
TR. Horror et exitium. MA. Quae tibi turba comes?
TR. Me redamant dubia nascentes sorte Monarchae
Reges sceptriferi rurigenique rudes.
MA. Cur toga duplicibus depicta coloribus haec pars
Anterior alba est nigraque posterior?
TR. Principio ridens uultus ostendo benignos
Flebilis at colophon nil nisi triste canit.
MA. Dat tuba terribilem sonitum clangore canoro.
TR. Regia castra metu concutit atque Deos.
MA. Quae famulae? TR. Furiae gladiosque crucesque
ministrant
Ulta quibus scelerum facta nephanda manent.
MA. Seruorum cur tanta cohors? TR. Mea numina
pandunt
Hi duce me possunt uincere tecta Iouis.
MA. Verba fides sequitur? TR. Mentiri culpa nephasque.
MA. Sed tua picta chelis candida nigra facit.
TR. Insequor historiae monumenta beata sororis
Atque suis foliis scripta Sibilla probat.
MA. Quae dea laurigera dextra tibi monstrat Olympum?
TR. Melpomene nostrum uirgo Poëma beat . . . [3]

TRANSLATION

Dialogue on Tragedy from the Iconographici Emblemates
of P. Matthieu.

Speakers : Matthieu and Tragedy.

MA. Who art thou that singest with so great a serious-
ness? TR. I am called Tragedy. MA. Whence thine
origin? TR. From the beginnings of time. MA. Who
thy father? TR. Fate. MA. Thy mother? TR. Rhamnusia. MA. Thy brothers? TR. Horror and ruin.
MA. What this rout that accompanies thee? TR.
Monarchs born to doubtful destiny, sceptre-bearing kings
and rough countrymen return me love for love. MA.
Why is thy gown with double colours dyed : the front
white and the back black? TR. In my beginning I show,
with a smile, cheerful countenance, yet is my end full of
tears and sings of nought but woe. MA. Thy trumpet
with tuneful clangour utters a terrifying sound. TR. It
shakes the castles of kings and even the Gods with fear.
MA. Who thy handmaidens? TR. The Furies bring
swords and torments and await those whose impious
deeds of shame are punished. MA. Why so great a
throng of slaves? TR. These publish my divinity and
under my leadership can overcome the palaces of Jove.
MA. Does truth follow thy words? TR. To lie is a
shame and impiety. MA. But thy painted lyre makes
white things black! TR. I follow the lofty records of
my sister History and the Sibyl with her leaves justifies
my writings. MA. What goddess shows thee Olympus
with her laurel-bearing right hand? TR. The virgin
Melpomene blesses our poem . . .

¹ Pierre Matthieu (1563–1621), lawyer, historian, poet. His tragedies were *Esther* (1585), *Vasthi, Aman, Clytemnestre* and *la Guisiade,* published at Lyon in 1589. The last is a vigorous political pamphlet on the assassination of the Duc de Guise, of whom Matthieu was an ardent supporter, though later he went over to Henri IV, whose historiographer be became. All the tragedies are blatantly didactic and, as such, lose much dramatic force.

² This dialogue is found among the prefatory matter to *Vasthi,* Lyon, Rigaud, 1589.

³ The dialogue finishes with praise of the Greeks and an assertion that the French have now a place on Helicon in their own right. It is followed by a Latin poem on the moral utility of tragedy. In the introductory matter to the *Clytemnestre,* Lyon, Rigaud, 1589, we find the following notice : " Au Lecteur. Encores que ceux qui, remplis de meditations non vulgaires, se vouent à l'exercice de la Poësie, entre toutes les sortes de ses presens ayent en grand estime la Tragedie, dont les vers doivent estre haults, grands et plains de majesté, non effrenez ny enervez comme ceux des Comiques, je ne rougiray pourtant de confesser que les miens, pour estre faicts il y a long temps sur le troisieme lustre de mon aage, ne seront dignes du nom qu'ils portent, mais bien promettray-je que poursuivant mes erres en ceste maniere d'escrire, je te feray veoir quelques autres fruicts plus meurs et assaisonez, si tu ne te degoustes en ces premiers essais. Adieu."

FRANÇOIS PERRIN [1]

Il a semblé bon au poete   3
Qui à vous complaire souhaitte,
De remettre devant vos yeux
Un acte non moins fructueux
Que recreatif à l'entendre [2] :
Au reste il n'a pas voulu prendre
L'argument vers les estrangers
Menteurs, imposteurs, et legers,   10
Aymant mieux la façon gauloise
Que la Phrigienne ou Gregeoise :
Car les fruits luy semblent meilleurs
En nos propres vergiers qu'ailleurs.
Il n'use icy d'un stile brave,   15
Ny d'une forme du tout grave :
Mais le stile n'est point abject
Qui convient bien à son subject.
Pendant neantmoins il n'oublye
Ce qui sert à la comedye.   20

Les Escoliers, 1589, prologue.

[1] François Perrin (c. 1533–1606), cleric, poet and author of many works
(sonnets, historical poems, drama) of high moral tone but not without
humour. The tragedy, *Sichem Ravisseur*, biblical in subject, classical in
basic form but interlarded with many odes, odelettes, tropes and chansons,
has been reprinted by A. de Charmasse, Autun, Dejussieu, 1887 (Mem. de
la Soc. Eduenne, nouv. série, XV). The comedy, *Les Escoliers*, reminiscent
of Ariosto's *Suppositi* and of Larivey's *Les Escolliers*, may be read in Fournier's
Théâtre français au XVIe et au XVIIe siècle, pp. 167 and ff. ; a reprint was
issued in Brussels, Merlins, 1866.

[2] In the Epilogue (an unusual thing to find), there are similar sentiments
expressed :

> Meslons l'aloes dans le miel
> Et mettons l'aigreur profitable
> Parmy ce qui est delectable.

89

JEAN GODARD [1]

Messieurs, je viens vers vous de la part du poète,
Lequel à tout jamais heur et bien vous souhaite...   2
J'ay charge seulement de vous remercier   43
De vostre attention, et de vous supplier
Que vous daigniez ouyr tantost la comedie,   45
Comme vous avez fait desjà la tragedie :
Car on a bien voulu, pour mieux vous contenter,
Dessus cette eschaffaut ici representer
Ces deux poèmes-là, [2] qui vous feront entendre
Que la fortune peut ses longues mains estendre   50
Aussi bien sur les grands comme sur les petits,
Qui ne soulent pas tant ses cruels appetits
Comme font les grands roys, les princes et monarques,
Qu'elle marque toujours de ses sanglantes marques,
Au lieu qu'elle se joue, et que par passe temps   55
Les petits elle estonne, et puis les rend contens.

Les Desguisez, 1594, prologue.

[1] Jean Godard (1564–1630), poet and philologist, author of two dramatic works. *La Franciade* is dull and actionless, full of long tirades and rhetoric. *Les Desguisez*, which again owes something to Ariosto's *Suppositi*, is lively and vigorous ; the metre employed is the octosyllable, a noticeable return, like that of Perrin's *Escoliers*, to the traditional comic metre of the later Middle Ages. The text of the comedy may be found in Viollet-le-Duc's *Ancien Théâtre Français*, VII.

[2] The two poems are the comedy, *Les Desguisez*, and the tragedy, *La Franciade*.

PIERRE DE LAUDUN DAIGALIERS [1]

Comedie [2] est un genre de Poëme comme tesmoigne Donat en sa Preface sur Terence, auquel sont introduicts personnes viles et de bas estat ; pource que la comedie se represente en public, ainsi que la Tragedie, je n'en traicteray que ce chappitre, me promettant de monstrer en quoy elle differe de la Tragedie, de laquelle je discoureray amplement és chappitres suivants...[3] La matiere selon Plaute et Donat, au lieu cy dessus cité, est toute ruse et tromperie de jeunes gens envers les vieillards, la malice des serviteurs, le larcin des vierges, convoitise de leur virginité, affrontement des plus rusez, et fraude des serviteurs ou servantes. L'on n'y introduict point des personnes graves, mais vieillards, bonnes femmes, chambriers, boulangers, tisserans, compagnons, Capitaines, muguets de cour, et autres personnes.

La comedie se divise par Actes et Scenes. Des Actes il y en a cinq sans plus ny moins. De Scenes, il y en a autant qu'on en veut faire, le moins sont trois ou quatre, et le plus sont neuf ou dix. Scene est lors que les personnages sortent, et commencent à parler sur le Theatre, et autant de fois qu'ils sortent sont autant de Scenes. L'Acte est tout le contenu de ce qui se joüe sans pauser, qui est en entrant et sortant. On faict les Actes le plus souvent pareils, c'est à dire ne differans les uns des autres de plus de quarante ou trente vers ; ou plus ou moins, car chacun Acte doit contenir au moins deux cens carmes, jusques à cinq et six cens.

Le mot des Acteurs est venu du verbe Latin, *Ago*, pource que c'est eux qui agissent, selon l'opinion d'aucuns

et selon la mienne aussi. Le commencement est triste,
et puis en continuant la fin est joyeuse, c'est à dire au
premier et second Acte la plus part des joüeurs et Acteurs
sont mal contents, et à la fin au quatre et cinquiesme
Acte sont presque tous contens. Selon Scaliger en son
premier livre de l'art poëtique, apres les Actes il y a des
joüeurs de moresques, qui sautent et dansent au son des
instrumens, tant pour ce pendant soulager les Acteurs
que les Spectateurs : ce que mesmes nous observons en
nos Tragedies.

L'argument de la comedie est à la disposition du Poëte,
et selon qu'il luy plaist d'inventer ; l'on y peut introduire
des dieux, deesses, faunes, satyres, et mesme comme le
peuple, l'artisan, le tiers estat, la pauvreté et autres qui
sont introduits pour personnages en la moralité. Et à
vray dire, c'est une moralité, pource que soubs risée,
l'on touche la vie de chacun, comme la chicheté des
gens vieux, la debauche des jeunes, la liberté des filles et
autres choses que j'ay dict cy dessus.

Les vers elegiaques [4] y sont propres et autres de moins
de syllabes : car les Alexandrins sont affectez pour la
Tragedie et autre œuvre heroïque. La farce [5] reçoit
toute sorte de vers, pource que les joüeurs faisant des
personnages de fols, veulent quelquefois contrefaire les
graves : ce qui donne grace à tout. La matiere est
presque semblable à celle de la comedie, ne seroit qu'elle
n'est point distinguée par Actes et n'est pas si longue.
Car coustumierement on ne la faict que de trois et quatre
cens carmes. Mais il faut que presque à chacun vers
il y aye moyen de rire. On peut faire une ou deux
pauses pour soulager les joüeurs ; en la farce on n'introduict point des dieux, deesses ni autres divinitez ou personnes morales comme j'ay dict. Je traicte en passant
ce mot de la farce quoy que j'en aye aussi touché au
second livre. Mais c'est pource que le suject le requeroit.

J'ay faict quelque comedie que l'on pourra voir, si je la mets chez l'imprimeur, toutesfois je n'en suis guere en deliberation. Plaute et Terence en ont faict en Latin lesquelles on pourra veoir et qui serviront de patron.

Art Poëtique François, Livre V, ch. i,[6]
" De la Comedie et de ses parties "

Pour venir à la definition de la Tragedie, [celle] qui est en estre maintenant selon Aristote en son livre de l'art poëtique n'est que... imitation des propos et vie des Heros : car anciennement les Heros estoient demy dieux. Mais il faut entendre des hommes illustres et de grand renommée. Et selon ce mesme autheur, la Tragedie est le plus noble et parfaict genre de poësie qui soit. C'est pourquoy aussi j'en ay voulu faire un livre à part : car pour le premier chappitre, qui traicte de la comedie, ce n'est quasi que comme prologue.

L'argument ne doit point estre feinct, mais vray et clair et distingué par actes et personnes. Outre, la Tragedie ne reçoit point de personnes feinctes, comme avarice, republique ny autres, ny mesmes dieux ny deesses comme tesmoigne Horace en son art,

Nec Deus intersit, &c.

Et la raison que j'y trouve c'est que si on y introduisoit un Dieu ou deesse, qui sont choses faulses, l'argument aussi seroit faux, et par consequent ne representeroit pas les faicts des hommes illustres selon la verité : car il est vray que jamais il n'y eust de ces dieux et deesses, que les anciens se sont faicts accroire. Il y en a beaucoup d'autres raisons que pour eviter longueur j'obmetteray. Toutesfois si quelqu'un m'objecte qu'en mes Tragedies [7] j'ay mis un Dieu Mercure et une furie, je dis que l'un ne sert que de prologue, et qu'il ne touche en rien de la representation de l'histoire, mais seulement dict au peuple ce qui se doibt passer sur le Theatre, afin qu'ils en soient plus attentifs.   La furie que c'est pour monstrer que les malheurs qui doibvent advenir aux joüeurs, leur adviennent justement (comme elle declare) et les raisons pourquoy, comme a faict Garnier en ses Tragedies, et qu'apres ny le Mercure ny la furie ne reviennent plus sur le Theatre, et que s'il y a quelqu'un qui le face revenir lors que les joüeurs ont commencé, ils le font par ignorance, toutesfois je n'en ay point veu.   Il y en a qui font venir des ombres sur le Theatre.   Si ils les font venir avant commencer le jeu, cela n'est pas faute, mais s'ils les font venir apres les jeux commencez et qu'elles ou qu'elle, s'il n'y en a qu'une, parle aux acteurs, cela est faillir, par les raisons cy dessus alleguées.   Toutesfois on peut dire qu'un homme ou femme en apprehension ou crainte peut avoir eu vision d'un ombre, ame ou esprit, duquel mesmes il en peut avoir retenu la parole, et pour lors cela est passable.   L'on peut aussi dire que l'on a veu plusieurs choses en dormant, lesquelles on peut raconter sur le Theatre, mais non pas les representer, au moins tel en est mon advis.

La Tragedie requiert que toutes choses y soient bien disposées et ordonnées, afin de tenir tousjours les spectateurs beants.   L'on y traicte de l'estat, des affaires et Conseil.   Les personnages de la Tragedie sont Rois, Princes, Empereurs, Capitaines, Gentils-hommes, Dames, Roynes, Princesses et Damoiselles, et rarement hommes de bas estat, si l'argument necessairement ne le requiert. Les choses ou la matiere de la Tragedie sont les commandements des Roys, les batailles, meurtres, viollement de filles et de femmes, trahisons, exils, plaintes, pleurs, cris, faussetez et autres matieres semblables, ce que tesmoigne Euripide lors que Archelous voulut faire une Tragedie de luy, lequel respondit *Absit quod rem tragoediae dignam facias...*

Il y en a qui disent que la Tragedie doibt avoir moins de personnages que la comedie, ce qui ne s'observe pas ; car il y faut mettre autant de personnages que l'histoire le requiert. L'on n'en met pas deux ny trois, car ce seroit dialogue non pas Tragedie, mais on en met depuis quatre jusques à ce qu'il en faict besoin, quoy que és vieux et anciens autheurs on en puisse trouver comme en Euripide, où l'on ne verra une Tragedie entiere n'estre que de trois personnages, sçavoir du Berger Silenus, du Cyclope et d'Ulisses, qui discourent amplement de leurs affaires ou affections. Mais comme je dy cy apres, nous ne sommes pas astraincts à leur loy, car outre ce que ce seroit denier à nature son pouvoir, en luy ostant la puissance de rendre les choses en leurs perfections (attendu que pour lors la Tragedie n'estoit pas, ny peut estre mesmes encores), nous debvons suivre tousjours ce que nous voyons estre plus aparent et à suivre, car il n'y a personne pour le jourd'huy qui voulut avoir la patience d'ouïr une Tragedie en forme d'Eglogue, n'estans que de deux personnages et ce pendant la Tragedie n'est faicte que pour contenter le peuple, ce qui adviendroit tout au contraire, car plustost l'on s'ennuyeroit que d'y avoir contentement. Doncques la Tragedie ne peut estre de deux ny de trois personnages et rarement quatre...[8]

Plus les Tragedies sont cruelles, plus elles sont excellentes. Il faut qu'en la Tragedie les sentences, allegories, similitudes et autres ornements de poësie (desquels j'ay parlé au quatriesme) y soient frequentes. Il ne faut pas aussi que la Tragedie soit ne trop longue ne trop courte, mais y tenir une mediocrité. Horace en son art poëtique dict qu'il ne faut pas tousjours representer les horreurs de la Tragedie devant le peuple... comme de faire demembrer un enfant, cuire les entrailles et autres choses. La raison est, pource [que] l'on ne le peut pas faire, car comment pourra-on demembrer un homme

sur le Theatre ? L'on pourra bien dire qu'on le va
demembrer derriere, et puis venir dire qu'il est demembré,
et en apporter la teste ou autre partie.   Je diray icy en
passant que la moitié de la Tragedie se joüe derriere le
Theatre : car c'est où se font les executions qu'on propose
faire sur le Theatre.

Livre V, ch. iv, "De la forme, nature et
definition de la Tragedie ".

La comedie et Tragedie s'accordent en ce, qu'elles se
representent par personnages en public : mais elles sont
differentes de tout le reste, car l'argument de la Tragedie
est vray, et celuy de la comedie est feinct et inventé.
Les personnes de la Tragedie sont gens graves et de grand
qualité, et celles de la comedie sont basses et de petit
estat.   Le commencement de la Tragedie est joyeux et
la fin est triste ; le commencement de la comedie est
triste et la fin est joyeuse.   Les paroles et carmes de la
Tragedie sont graves, et ceux de la comedie sont legers
et ne traictent que de risée.   Les personnages de la
Tragedie sont habillez sumptueusement et ceux de la
comedie sont habillez communement.   Anciennement
les personnages de la Tragedie avoient les cothurnes,
c'est à dire des brodequins ou souliers qui venoient
jusques à my-jambes, qui estoient fort sumptueux, et
ceux de la comedie avoient un soc, qui est une sorte de
souliers, qui n'est pas si sumptueuse.   Quelquefois les
cothurnes se prennent pour la Tragedie et le soc pour la
comedie.

Livre V, ch. v, "De la difference de la
Tragedie et Comedie ".

Premierement la Tragedie : quoy qu'elle soit longue
ou courte, elle est divisée en actes, et en y a cinq, sans en
avoir ne plus ne moins...[9]

Selon Viperan [10] en son livre second, chapitre dixiesme,

les actes sont du verbe *Ago,* qui signifie agir, c'est à dire
ausquels les personnages agissent, et dict que le premier
contient les plaintes ; le second, les soupçons ; le troisiesme, les conseils ; le quatriesme, les menaces et
appareils ; et le cinquiesme les executions et effusions de
sang. Ce que pour le present ne s'observe pas entre les
Poëtes François si exactement, pourveu que le commencement de la Tragedie soit joyeux et la fin triste,
comme j'ay dict cy dessus.

Il y en a qui disent qu'il ne faut pas que sur le Theatre
il y ait plus de trois entreparleurs, et se fondent sur ce
que Horace dict,

Nec quarta loqui persona laboret.

Mais il en faut autant qu'il est besoin, soit qu'il en faille
deux, trois, quatre, cinq &c. Comme, s'il faut faire un
conseil de six ou sept, soit Capitaines ou autres, selon
leur dire il ne seroit pas donc permis. Parquoy je croy
qu'ils n'entendent pas le vers qu'ils alleguent. Horace
(selon mon advis) la mis non pour defendre qu'autant
de personnes qu'il seroit besoin parlassent sur le Theatre,
mais afin de dire que, lors que deux parleront ou seront
en piques, un autre vienne leur parler ou pour les mettre
d'accord ou pour les plus animer, car il sçait bien qu'en
la Tragedie, où la gravité doit estre gardée, quatre ou
cinq ne parleront pas ensemblement, mais bien les uns
apres les autres, autrement il y auroit confusion. Je
donneroy d'autres raisons, n'estoit que le temps me
presse. Sur tout au parler et gestes il faut que chacun
garde sa gravité et modestie, selon qu'il est, et celuy
qui est le principal des personnages est appellé protago-
niste, c'est à dire qui a le plus à parler que pas un, auquel
est mis tout le subject de la Tragedie.

Livre V, ch. vi, " Des actes, parties
de la Tragedie ".

Les chœurs selon Viperan au lieu susdict doibvent estre chantez en musique... Les personnages sont jeunes gens qui disent apres chacun acte de peur que le Theatre ne demeurast vuide et que le peuple fut distraict, d'autant qu'à la Tragedie il y a cinq actes, et chacun acte a ses chœurs apres, excepté le cinquiesme, qui n'en doit point avoir...[11] Le subject des chœurs c'est parler de ce qui est passé durant l'acte ; l'autheur ou Poëte les dispose à sa volonté... Les chœurs declarent tousjours la verité du faict, et deplorent la fortune de ceux qu'on represente, ou loüent leurs beaux faits. Les actes sont les parties entières [12] de la Tragedie et sont divisés par les chœurs et les chœurs commencent apres le premier et finissent apres le quatriesme.[13]

Livre V, ch. vii, "Des chœurs".

Les vers propres de la Tragedie sont les heroïques ou Alexandrins seulement, et non autres, pource que les gestes des Princes y sont representez, et que les sentences, similitudes, figures et autres ornements de poesie y sont adaptez, aussi faut-il que le plus noble genre de vers y soit adapté, sçavoir Alexandrins et en rime plate, et faut tousjours garder le genre masculin et foeminin consecutivement, du commencement jusqu'au bout. Les chœurs sont faicts tousjours de toute sort de carme adonicques, qui sont de dix syllabes en bas, pourveu que l'ordre et unisonité y soit gardée. Garnier en a faict de mesme, et tous autres Poëtes qui ont escript des Tragedies. Pour moy, j'ay tousjours observé que tous les chœurs d'une mesme Tragedie sont egaux en bastons ou couplets, pour la commodité des personnages : ce que les autres n'ont pas gardé.

Livre V, ch. viii, "Des vers de la
Tragedie et chœurs".

Je n'avoy pas deliberé de traicter touchant ce que aucuns disent qu'il faut que la Tragedie soit des choses faictes en un jour et non en plusieurs, comme quand l'on la faict de l'estat, vie et mort de quelques uns qui ne peuvent avoir eu des honneurs, des infortunes, donné des batailles, regné et morts en un jour, ains en l'espace d'un nombre d'ans, attendu que ceste opinion n'est pas soustenuë d'aucun bon autheur approuvé. Toutesfois j'en donneray quelques raisons pour contenter l'esprit des plus curieux.

Premierement ceste loy, si aucune y en a, ne nous peut obliger ou astreindre à cela, attendu que nous ne sommes pas reiglez à leur façon d'escrire ny à leur mesure de pieds et syllabes desquels ils font leurs vers. Secondement que si il falloit observer ceste rigueur, l'on tomberoit en des grandes absurditez pour estre contraincts introduire des choses impossibles et incredibles pour embellir nostre Tragedie, ou autrement elle seroit si nuë qu'elle n'auroit point de grace : car outre ce que ce seroit nous priver de matiere, aussi n'aurions nous pas moien d'embellir nostre poëme des discours et autres evenements. La troisiesme est que la Troade, plus excellente Tragedie de Senecque, ne peut avoir esté faicte dans un jour ny mesme de Euripide ni de Sophocle. La quatriesme est que selon le chapitre sus allegué la definition de la Tragedie est le recit des vies des Heros, la fortune et grandeurs des Roys, Princes et autres, ce qui ne peut estre faict dans un jour, ce qui se confirme par Euripide [14] au passage allegué en la response de Archelous. Et outre que il faut que la Tragedie contienne cinq actes, desquels le premier est joyeux et les autres suivants comme j'ay dict cy dessus, de façon qu'il est impossible du tout que cela puisse estre d'un jour.

La cinquiesme et derniere est que si quelqu'un a observé cela, sa Tragedie n'en a pas mieux valu, et que

les Poëtes tragiques tant Grecs, Latins et mesme noz
François, ne l'observent ny doibvent ny ne peuvent
observer, attendu qu'il faut que bien souvent en une
Tragedie toute la vie d'un prince, Roy, Empereur,
Noble ou autre y soit representée, et mille autres raisons
que j'allegueroy si le temps me l'eust permis, remettant
tout à la seconde impression.[15]

> Livre V, ch. ix, "De ceux qui disent qu'il
> faut que la Tragedie soit des choses faictes
> dans un jour".

[1] Pierre de Laudun, sieur d'Aigalliers (1575–1629). His *Art Poëtique
François* (Paris, Anthoine du Brueil, 1579) is a curious mixture of matter
reminiscent of such diverse writers as Sebillet, Peletier, Ronsard, Scaliger
and others ; indeed, it often transcribes them word for word. It treats
of the old genres as well as the revived classical ones, yet the extracts given
here show, in spite of frequent negligence and obscurity of expression, that
its author could hold opinions of markedly individual character (e.g. his
views on the number of tragic characters and on the unity of time) along
with strangely antiquated views on other matters.

[2] The text here given is that of the 1597 edition.   For the sake of clarity
I have modified the punctuation here and there ; on the whole, however,
that and spelling are as given in the original text.

[3] Here follows a passage on the usual lines dealing with the etymology
of the word " comedy ".

[4] In Bk. I, ch. vii, De Laudun defines " elegiaques " as ten-syllable verse.

[5] In Bk. II, ch. ix, " Du Dialogue et de la farce ", we find : Pour la
farce, j'en parleray icy, pource que quelquefois elle est dialogue, lors qu'il
n'y a que deux personnes.   Le suject doit estre gay et de risée, il n'y a ny
Scenes ny pauses.   Elle se faict quasi tousjours en vers Elegiaques.   Il
faut noter qu'il n'y a pas moins de science à sçavoir bien faire une farce
qu'une Eglogue ou Moralité.   Il faut sur tout observer estroictement le
decore des personnes et que chacun parle selon sa dignité.

[6] Chapters ii and iii review the usual theories on the origin of tragedy
and the derivation of the word.

[7] His *Horace* and his *Diocletian*, published in 1596.   On the matter here
following, see Lanson, *Esquisse*, p. 32 (e).   I may add here that the comedy
which De Laudun mentions at the end of the first extract was never printed.

[8] The author cites a play of four characters by Loys Leger, principal
of the Collège de Montaigu, 1597.

[9] There follows the usual quotation from Horace and then a consideration of Seneca's *Thebaïde*, whose survival in four acts only is due, according
to De Laudun, to " l'injure du temps ", Seneca being well conversant
with theatrical matters.   De Laudun blows hot and cold : if he rejects
the unity of time, why not also the five-act rule and other conventions ?

[10] The *De poetica libri tres* of Johannes Antonius Viperanus were published
by Plantin in Antwerp in 1579.

[11] A short discussion follows of De Laudun's tragedies and Euripides' *Cyclops*.

[12] *entieres :* integral.

[13] The chapter ends with a brief criticism of Garnier's practice of introducing choruses within the acts of his tragedies, followed by a complimentary reference to the great dramatist.

[14] The 1579 text has : ce qui ce conforme pas E...

[15] I append the treatment of the pastoral drama, which De Laudun deals with along with the eclogue. It is, I believe, the first mention of this popular genre in any theoretical work.

Je traicteray fort brievement de la Bergerie, pource qu'elle est assez cogneuë. Or la Bergerie est un mot François derivé de son primitif Berger ; et est la Bergerie le lieu où les Bergers tiennent leurs troupeaux, et où ils font leurs devis. D'où nous les imitons en nos poëmes ou les representons sur un Theatre, ou autrement. La matiere est toute chose appartenant aux Bergers, parler des forests, des montagnes, des prés, des fontaines, des brebis, des chiens, loups et autres choses. Sous les noms des Bergers et en leurs devis, bien souvent les bons Poëtes y mettent un sens moral... le plus souvent tout se refere à l'amour... La troisiesme sorte pour laquelle j'ay entrepris ce chapitre, est celle où il y a personnages, et que l'on a de coustume jouër sur les Theatres, laquelle vrayement s'appelle Bergerie et non Pastoralle, comme aucuns ignorants, et plustost Italiens que François, l'ont appellée... La matiere est telle que cy dessus j'ay declaré. Coustumierement elle se faict en vers Alexandrins et Elegiaques. Il n'y a Scene ny acte, mais seulement, à la difference de la Tragedie et Comedie, il y a des pauses. On ne met gueres plus de six ou sept personnages. On y introduit des loups, des chiens, des Nymphes, des Sylvains, ou autres choses que l'ancienne superstition a creu... Aux Bergeries on traicte tousjours, ou le plus souvent, de l'amour, pource que les bergers... sont oisifs et l'oisiveté est la mere de volupté. Il faut qu'en la bergerie, les personnages s'entreparlent souvent, comme tesmoigne Scaliger en premier livre de l'art Poëtique. Elle se faict tousjours en rime platte en observant exactement le genre masculin et foeminin... (Livre III, ch. viii, " De la bergerie "). Scaliger's chapter (I, iv, *Pastoralia*) is chiefly concerned with the eclogue.

ANTHOINE DE MONTCHRESTIEN [1]

Les Tragédies pour le seul respect de leur subjet ne meritent moins d'estre leües des Princes, nés et nourris aux lettres et à la vertu, que d'autres livres qui portent des tiltres plus specieux et plus serieux en apparence. Elles representent presque en un instant ce qui s'est passé en un long temps ; les divers accidens de la vie, les coups estranges de la fortune, les jugemens admirables de Dieu, les effets singuliers de sa providence, les chastimens epouventables des Rois mal conseillés et des peuples mal conduits. En tous les Actes Dieu descend sur le theatre, et joue son personnage si serieusement, qu'il ne quitte jamais l'eschaffaut que le meschant Ixion ne soit attaché à une roüe et que la voix lamentable du pauvre Philoctete ne soit exaucée, marques apparentes de sa justice et de sa bonté. [2]

Les Tragedies, 1604, dedicatory epistle to
the Prince de Condé.

[1] Anthoine de Montchrestien (1575–1621), dramatist and economist. His tragedies may be studied in the excellent edition by P. de Julleville, Paris, Plon, 1891 (Bibl. Elzévirienne). The tragedies are *Hector*, *La Reine d'Escosse* (*L'Escossaise*), *La Cartaginoise* (*Sophonisbe*) ou *La Liberté*, *Les Lacènes*, *David*, *Aman*.

[2] At the head of the *Tragedies* are some verses " Sur les Tragedies de Monsieur de Montcrestien " by the author's friend, Bosquet. The aim of the dramatist is summed up as follows :

Il a voulu monter sur la Tragique Scène,
Et chanter l'incertain de la grandeur humaine,
Monstrer qu'il n'y a point en ce monde d'appuy,
Enseigner le bonheur par le malheur d'autruy,
Representer des grands les peines et les fautes,
Et le malheur fatal des puissances plus hautes ;
Faire voir aux effets que le pouvoir humain
N'empesche point les coups de la divine main :
Les jugemens de Dieu au peuple faire entendre,
Enseigner les vertus et les vices reprendre,
Afin de n'estre veu seulement bien-disant,
Mais aussi que chacun profite en le lisant.

JEAN VAUQUELIN DE LA FRESNAYE [1]

Mais nostre vers de huict sied bien aux comedies,
Comme celuy de douze aux graves Tragedies.
                              Art Poetique, I, 631-2.

Par un Tragicque vers ne peut estre traité   807
Une chose Comique, ains bassement contée :
Et ne faut reciter en vers privez ou bas
De Thieste sanglant le plorable trespas ;   810
Chacune chose doit en sa naïfve grace
Retenir proprement sa naturelle place :
Si l'Art on n'accommode à la Nature, en vain
Se travaille de plaire en vers l'escrivain :
Neanmoins quelquefois de voix un peu hardie   815
S'eleve en son courroux la basse Comedie,
Et d'une bouche enflée on void souventefois
Chremes [2] se dépiter en élevant sa voix ;
Le Tragicque souvent de bouche humble et petite
Bassement sa complainte aux echaffauts recite.   820
    Quand Telephe et Pelé banis et caimandans [3]
S'efforcent d'émouvoir le cœur des regardans,
Et Ragot belittrant [4] un Evesque importune,
Il a des mots piteux propres à sa fortune ;
Tous laissent les gros mots empoulez et venteux   825
Comme mal convenant aux banis souffreteux.
    Non, ce n'est pas assez de faire un bel ouvrage,
Il faut qu'en tous endroits doux en soit le langage,
Et que de l'écouteur il sache le désir
Le cœur et le vouloir tirer à son plaisir.   830
Montre face riante en voulant que l'on rie,

Pour nous rendre marris montre la nous marrie,
Si tu veux que je pleure, il faut premierement
Que tu pleures et puis je plaindray ton tourment.
   Ragot, si tu venois en priere caimande   835
Me faire, trop hautain, une sotte demande,
Je me rirois ou bien tu n'aurois rien de moy.
Un doux parler est propre aux hommes tels que toy ;
Aux hommes furieux paroles furieuses,
Lascives aux lascifs, et aux joyeux joyeuses ;   840
Et le sage propos et le grave discours
A quiconque a passé de jeunesse le cours.
Car Nature premier dedans nous a formée
L'impression de tout pour la rendre exprimée
Par le parler après ; et selon l'accident   845
Elle nous aide, ou met en un mal evident,
Ou d'angoisse le cœur si durement nous serre,
Qu'elle nous fait souvent pamez tomber à terre,
Et découvrir après d'un parler indiscret,
Aveuglez de fureur, de nos cœurs le secret.   850
Il faut que la personne à propos discourante
Suive sa passion pour estre bien disante.
   Si le grave langage à celuy qui le tient,
Selon sa qualité, peu séant n'appartient,
La noblesse Françoise et le bas populace   855
Se pasmeront de rire en voyant son audace.
   Grand' difference y a faire un maistre parler,
Ou Davus [5] qui ne doit au maistre s'égaller,
Ou le bon Pantalon, ou Zany dont Ganasse
Nous a representé la façon et la grace [6] :   860
Ou le sage vieillard, ou le garçon bouillant
Au mestier de l'amour et des armes veillant :
Ou bien faire parler une dame sçavante,
Ou la simple nourrice, ou la jeune servante,
Ou celuy qui la pleine en sillons va trenchant,   865
Ou bien de port en port vagabond le marchant,

L'Alleman, le Souisse, ou bien quelque habile homme
Qui n'est point amendé de voyager à Rome,
Ou celuy qui nourri dans l'Espagne sera,
Ou celuy qui d'Italie en France passera.   870
   Toy, qui sçavant escris d'une plume estimée,
Au plus près suy cela que tient la renommée :
Ou bien des choses fein convenantes si bien
Que de non vray-semblable en elles n'y ait rien... 874
   Descris une Medée, indomtable et cruelle,   883
Inon toute eplorée, Ixion infidelle,
Oreste furieux, Ion vagabondant   885
De son dieu ravisseur le secours attendant.
   Si tu veux sur le jeu de nouveau mettre en veüe
Une personne encor en la Scene inconneüe,
Telle jusqu'à la fin tu la dois maintenir
Que tu l'as au premier fait parler et venir.   890

Art Poetique, I.

Le Tragic, le Comic, dedans une journée   255
Comprend ce que fait l'autre [7] au cours de son année :
Le Theatre jamais ne doit estre rempli
D'un argument plus long que d'un jour accompli. 258

Art Poetique, II.

   Oy donc ce que le peuple et moy te desirons,   321
Si tu veux que chacun publie aux environs
Du Theatre ta gloire, alors que le murmure
De l'applaudissement et du chant dernier dure :... 324
Soit que grave des Roys, soit que la Muse basse 327
Te chante en l'échafaut les tours du populace,
Tu dois de chacun âge aux mœurs bien regarder,
La bienseance en tout soigneusement garder,   330
Et tout ce qui siet bien aux natures changeantes :
L'enfançon qui petit assied fermes ses plantes
Desja dessus la terre, et qui sçait bien parler,

Avecques des pareils aux ebats veut aller :
Soudain il pleure, il rit, il s'appaise, il chagrine,   335
D'heure en heure changeant de façon et de mine.
    Le jeune gentilhomme à qui le poil ne poind,
Et qui sort hors de page, et de maistre n'a point,
Aime chiens et chevaux, et loin de son pedante,
A voir après le Cerf la meute clabaudante ;   340
Aime les champs herbeux et se plaist dans les bois
D'entendre retentir des bergeres les vois ;
Au vice, comme cire, il est ployable et tendre,
Aspre et rude à ceux-la qui le veulent reprendre,
Paresseux à pourvoir à son utilité,   345
Despencier, desireux, rempli de vanité ;
Qui bientost est faché de ses folles delices,
Aimant divers plaisirs et divers exercices.
Quand il a l'âge d'homme il se veut augmenter,
Acquerir des amis, aux grands estats monter,   350
Garder le point d'honneur, ne faisant temeraire
Ce qu'il faudroit après rechanger ou deffaire.
    L'âge aporte au vieillard mainte incommodité,
Soit qu'aux acquets il soit ardemment incité,
Soit que son bien acquis il ne veuille despendre   355
Qu'il aime mieux garder qu'à son dommage vendre,
Soit qu'en toute entreprise il soit timide et froid,
Dilayeur, attendant, riotteux,[8] mal adroit,
Convoiteux de futur, chagrin, plaignant sans cesse,
Loüant le temps passé qu'il estoit en jeunesse ;   360
Severe repreneur des mœurs des jeunes gens,
Se fachant negligent de les voir negligens :
Plusieurs commoditez l'âge venant ameine,
Et plusieurs quant et luy s'en allant il entraine.
Le jeune est tout conduit de courage et d'espoir,   365
Esperant riche et grand quelquejour de se voir :
Au contraire le vieil vit plus de souvenance
Du temps qu'il a passé, qu'il ne fait d'esperance.

Pour ce il ne faut jamais qu'un jeune homme gaillard
Represente en parlant la façon d'un vieillard,   370
Ni qu'un jeune homme aussi son vieillard sente encore,
Ayant tousjours egard à ce qui plus honore
La personne parlante : et ce qui convient mieux
A l'âge de chacun, ou soit jeune ou soit vieux.
Quand la forest n'est plus en Hyver chevelue,   375
Si plaisante elle n'est que quand elle est feuillue :
Qui diroit son ombrage estre lors verdoyant,
Chacun dementiroit son parler en l'oyant ;
Quand une Dame n'est tout au vray contrefaite [9]
Du sot Peintre on se rit qui l'a si mal pourtraite.   380
Guidé du jugement rien ne faut ignorer,
Ains clair et net de l'Art les regles honorer.
Celuy qui puisera d'une source troublée,
De la bourbe mettra dans son œuvre assemblée.
  Or pour loy le Tragic et le Comic tiendront,   385
Quand aux jeux une chose en jeu mettre ils voudront,
Qu'aux yeux elle sera de tous representée,
Ou bien, faite desja, des joueurs recitée ;
Et bien que ce qu'on oit emeuve beaucoup moins
Que cela dont les yeux sont fidelles tesmoins,   390
Toutesfois il ne faut lors montrer la personne,
Quand la honte ou l'horreur du fait les gens etonne :
Ains il la faut cacher et par discours prudens
Faut conter aux oyants ce qui est fait dedans ;
Et ne montrer le mort, aporté sur l'Etage,   395
Qui caché des rideaux aura receu l'outrage :
Car cela se doit dire : et plusieurs faitz ostez
Hors de devant les yeux sont mieux après contez.
Et ne faut que Medée, inhumaine marathre,
Massacre devant tous ses enfans au Theatre :   400
Ou qu'Astrée en public impudemment meschant
De son frere ennemi les fils aille trenchant :
Ou que Progne en oiseau devant tous soit muée,

Ou Cadme en un serpent, ou Cassandre tuée,
Ou qu'un monstre en Toreau dans les flots mugissant 405
Engloutisse Hypolite en son char bondissant,
Ou qu'on montre Antigone en la cave pendue
Et son amant Hemon lequel aupres se tue :
Tout ce qu'en l'Echafaut tu nous faits voir ainsi,
Faché je le dedaigne et ne le crois aussi ;   410
Mais le fait raconté d'une chose aparente
Fait croire le discours de tout ce qu'on invente.
  Le Comic tout ainsi sur l'Etage fera
Conter ce qu'au couvert l'amoureux fait aura,
Ne descouvrant à tous la honteuse besongne   415
Qu'à Paris on fait voir en l'Hostel de Bourgongne ;
Ains sortant un Cheré [10] jeune, affetté, mignon,
Il dit sa jouissance au loyal compagnon
Que premier il rencontre : et qu'ayant la vesture
Et d'un Eunuque pris la grace et la posture,   420
Il a d'une pucelle, au naturel deduit,
Cueilli la belle fleur, de Jupiter conduit,
Qui, peint en goutes d'or, tomboit comme une pluye,
Dedans le beau giron d'une fille eblouye
De ce plaisant metal ! l'aspec de ce tableau
Rendit plus courageux l'amoureux juvenceau !   426

L'Art Poetique, II.[11]

La brave Tragedie au Theatre attendue   459
Pour estre mieux du peuple en la Scene entendue
Ne doit point avoir plus de cinq actes parfaits :
Ange ni Dieu n'y soit : s'il n'est besoin de faits
Qui soient un peu douteux : ou d'une mort celée
Qui d'une Ombre ou d'un Dieu lors sera revelée :
Et ne parle un quatriesme en l'Etage avec trois : 465
Trois parlant seulement suffisent à la fois.
  Le Chœur de la vertu doit estre la defence,
Du parti de l'autheur repreneur de l'offence,

Doit parler sagement, grave et sentencieux,
Se montrant de conseil aux grands officieux,   470
Chose n'entremeslant aux actes, que bien dite,
Bien ne vienne à propos, et qui bien ne profite ;
Aux bons et vertueux il favorisera
Et les non-feints amis, ami vray prisera.
Qu'il apaise tousjours une ame couroucée,   475
Et plein de jugement descouvre sa pensée ;
Qu'il honore celuy qui du vice est vainqueur,
Loüant ouvertement les hommes de grand cœur,
La table sobre et nette, et l'utile Justice,
Les Edits et les Loix qui vont bridant le vice,   480
Et qu'il loüe en passant la douce oisiveté
Qu'on reçoit en la paix vivant en sureté :
Et qu'il tienne secrets les secrets qu'on luy baille ;
Et que les puissants Dieux tousjours priant il aille ;
Qu'aux humbles afligez il oste la douleur   485
Et qu'aux fiers orgueilleux il donne le malheur.

                    L'Art Poetique, II.[12]

Au Tragique argument pour te servir de guide   1107
Il faut prendre Sophocle et le chaste Euripide
Et Seneque Romain : et si nostre Echafaut
Tu veux remplir des tiens, chercher loin ne te faut 1110
Un monde d'argumens, car tous ces derniers ages
Tragiques ont produit mille cruelles rages.
Mais prendre il ne faut pas les nouveaux argumens ;
Les vieux servent tousjours de seurs enseignemens.
Puis la Muse ne veut soubs le vray se contraindre ; 1115
Elle peut du vieil temps, tout ce qu'elle veut, feindre.

                    L'Art Poetique, II.

Premier [13] la Comedie aura son beau Proëme,   111
Et puis trois autres parts qui suivront tout de mesme.
La premiere sera comme un court argument,

Qui raconte à demi le sujet brevement,
Retient le reste à dire, afin que suspendue   115
Soit l'ame de chacun par la chose attendue.
La seconde sera comme un Env'lopement,
Un trouble-feste, un brouil de l'entier argument,
De sorte qu'on ne sçait quelle en sera l'issue,
Qui tout'autre sera qu'on ne l'avoit conceue.   120
La derniere se fait comme un Renversement,
Qui le tout debrouillant fera voir clairement
Que chacun est content par une fin heureuse,
Plaisante d'autant plus qu'elle estoit dangereuse.
Des jeunes on y void les faits licencieux,   125
Les ruses des putains, l'avarice des vieux.

L'Art Poetique, III.[14]

La Comedie est donc une Contrefaisance   143
D'un fait qu'on tient meschant par la commune usance,
Mais non pas si meschant qu'à sa meschanceté   145
Un remede ne puisse estre bien aporté :
Comme quand un garçon une fille a ravie,
On peut, en l'espousant, luy racheter la vie.
Telle dire on pourroit la mocquable laideur
D'un visage qui fait rire son regardeur ;   150
Car estre contrefait,[15] avoir la bouche torte,
C'est un defaut sans mal pour celuy qui le porte.
Mais le sujet Tragic est un fait imité
De chose juste et grave, en ses vers limité ;
Auquel on y doit voir de l'afreux, du terrible,   155
Un fait non attendu, qui tienne de l'horrible,
Du pitoyable aussi, le cœur attendrissant
D'un Tigre furieux, d'un Lion rugissant...   158
Ou comme quand Crëon, aux siens trop inhumain,   161
Vit sa femme et son fils s'occire de leur main.
On fait la Comedie aussi double, de sorte
Qu'avecques le Tragic le Comic se raporte.

Quand il y a du meurtre et qu'on voit toutefois   165
Qu'à la fin sònt contens les plus grands et les Rois,
Quand du grave et du bas le parler on mendie,
On abuse du nom de Tragecomedie ;
Car on peut bien encor, par un succez heureux,
Finir la Tragedie en ebats amoureux :   170
Telle estoit d'Euripide et l'Ion et l'Oreste,
L'Iphiginie, Helene et la fidelle Alceste...[16]   172
    Mais rien n'est si plaisant si patic ne si dous 189
Que la Reconnoissance au sentiment de tous !
Ulysse fut connu par une cicatrice
Qu'en luy lavant les pieds remarqua sa nourrice.
Par joyaux, par un merc qui sur nous aparoist,
Et par cent tels moyens, les siens on reconnoist.
    Puis qu'est il rien plus beau qu'une aigreur adoucie
Par le contraire event de la Peripetie ?   196
Polinisse croyoit la mort d'Ariodant,
Esperant voir jetter dans un brasier ardant
L'innocente Genevre, alors que miserable
Au contraire il se void mourir comme coupable.[17] 200
    Leon de Bradamante ayant esté vainqueur
Par Roger inconnu, son amour et son cœur,
Par la loy du combat de Charles ordonnée,
Elle devoit au Grec epouse estre donnée :
Mais elle ne pouvant en son ame loger   205
Un autre amour egal à celuy de Roger,
Plustost que de le prendre elle se veut defere ;
Son Roger d'autre part de mourir delibere.
    Par un event divers il avient autrement :
Roger est reconnu pour avoir feintement   210
Combattu soubs le nom du Prince de la Grece,
Soubs ce masque vaincu soymesme et sa maistresse :
Desja toute la Court de l'Empereur Latin
La donne bien conquise au fils de Constantin,
Quand Leon, le voyant estre Roger de Rise,   215

De sa vaine poursuite abandonne la prise,
Luy quitte Bradamante, et, courtois genereux,
Aide à conjoindre encor ce beau couple amoureux :
Ainsi sont joints ensemble et la reconnoissance
Et le contraire event qui luy donne accroissance.[18] 220
L'Heroic, le Tragic, use indiferemment
Avecques le Comic de ce dous changement.

L'Art Poetique, III.

    Le docte imitateur, qui voudra contrefaire   499
De cette vie au vray le parfait exemplaire,
Tousjours j'avertiray de regarder aux mœurs,
A la façon de vivre et aux communs malheurs ;
Et puis de là tirer une façon duisante,
Un parler, un marcher qui l'homme represente :
Bref que Nature il sçache imiter tellement   505
Que la Nature au vray ne soit point autrement.
    Quelquefois une farce au vray Patelinée,
Où par art on ne voit nulle rime ordonnée...   508
Pour ce qu'au vray les mœurs y sont representées,   511
Les personnes rendra beaucoup plus contentées,
Et les amusera plustost cent mile fois
Que des vers sans plaisir rangez dessous les lois,
N'ayant sauce ni suc, ni rendant exprimée   515
La Nature en ses mœurs de chacun bien aimée.
Nature est le Patron sur qui se doit former
Ce qu'on veut pour long temps en ce monde animer. 518

L'Art Poetique, III.

    Qui sçait entremesler l'utile avec le dous,   609
L'honneur facilement remportera sur tous,
Enseignant les liseurs et de Muse pareille,
D'un ravisseur plaisir leur ravissant l'oreille.

L'Art Poetique, III.

Hé ! quel plaisir seroit-ce à cette heure de voir   881
Nos Poëtes Chrestiens les façons recevoir
Du Tragique ancien ?   Et voir à nos misteres
Les Payens asservis sous les loix salutaires
De nos Saints et Martyrs? et du vieux testament   885
Voir une Tragedie extraite proprement ?
Et voir representer aux festes de Village,
Aux festes de la ville en quelque Eschevinage,
Au Saint d'une Paroisse, en quelque belle Nuit
De Noel, où naissant un beau Soleil reluit,   890
Au lieu d'une Andromede au rocher attachée
Et d'un Persé qui l'a de ses fers relachée,
Un Saint George venir bien armé, bien monté,
La lance à son arrest, l'espée à son costé,
Assaillir le Dragon, qui venoit effroyable   895
Goulument devorer la Pucelle agreable,
Que pour le bien commun on venoit d'amener ?
O belle Catastrophe ! on la voit retourner
Sauve avec tout le peuple ! Et quand moins on y pense,
Le Diable estre vaincu de la simple innocence !   900
Ou voir un Abraham, sa foy, l'Ange, et son fils !
Voir Joseph retrouvé ! les peuples deconfis
Par le Pasteur guerrier qui vainqueur d'une fonde
Montre de Dieu les faits admirables au monde ! [19]

L'Art Poetique, III.

[1] Jean Vauquelin (1536–c. 1608), magistrate, pastoral and satirical poet, began his *Art Poetique* in 1574, though it was not published until 1605.   Disciple of Ronsard and the Pléiade, his " work indicates the sum of critical ideas which France had gathered and accepted in the sixteenth century " (J. E. Spingarn, *History of·Literary Criticism in the Renaissance*, London, Macmillan, 1899, p. 177).   The *Art Poetique*, edited several times, may be seen in its original form in the edition by G. Pellissier, Paris, Garnier, 1885.

[2] The name Chremes appears as that of an old man in Terence's *Andria*, *Heautontimorumenos* and *Phormio* ; as that of a young man in the *Eunuchus*. The allusion here is to *Heaut.*, V, 5, where Chremes soundly upbraids his son Clitipho.

[3] *caimandans* (cf. below, 835, *caimande*) : quémandants, " begging ".

[4] Ragot : celebrated *belître* (" clown, rogue, beggar ") mentioned by many sixteenth-century writers.

[5] Davus : intriguing slave or freedman in Latin comedy ; the best known is the Davus of Terence's *Andria*.

[6] Pantalon and Zany (Zanni) : characters in Italian comedy. Ganasse was an Italian actor, who brought his troupe to France.

[7] I.e. the epic.

[8] *riotteux :* irritable, difficult.

[9] *contrefaite :* here " properly portrayed, imitated, represented ".

[10] Cheré : the Chaerea of Terence's *Eunuchus* : see especially Act III, scene 5.

[11] The passage following (verses 427–58) gives, on usual lines, the origin of tragedy and how observation of life and fortune caused it to deal with the disasters of the great.

[12] The lines following deal with the music separating the acts, before passing to other genres. Vv. 1011–56 give a sketch of the history of tragedy from Thespis to Garnier, very incompletely and not without inaccuracies.

[13] Livre III, vv. 79 and ff. gives a brief account of Greek Old Comedy, refers to the old French dramatic genres and proceeds to a summary, very brief and incomplete, of French comedy.

[14] There follows a short account of the origin of the word " comedy ".

[15] Here *contrefait* has the sense " ill-made, deformed ".

[16] There follows a comparison of the *Iliad* with tragedy, of the lost *Margites* (attributed to Homer by Aristotle) with comedy, including the familiar description of the typical subjects of the two dramatic genres.

[17] The example is taken from the *Orlando furioso*, V.

[18] This example may have been taken direct from Ariosto or from Garnier's *Bradamante* (1580).

[19] This passage contrasts strangely with Livre II, vv. 1107 and ff. (above), and seems explicable only on the grounds that the passages were written at some distance of time one from the other ; or else that in the earlier passage Vauquelin was following the tradition of classical drama, in the latter the dictates of his own wishes. Although the subjects, at first sight, seem to indicate that Vauquelin was thinking of Bèze's *Abraham sacrifiant*, Des Masures' tragedies on David and perhaps Nicolas de Montreux's *Joseph le Chaste* (1605), it seems less likely on second thoughts. He cites these subjects as what he would like to see ; and in the case of Joseph, the play mentioned deals only with the Potiphar episodes.

FRANÇOIS OGIER [1]

Ceux qui deffendent les anciens poëtes reprendront quelque chose en l'invention de nostre autheur, et ceux qui suivent les modernes trouveront à dire quelque peu à son elocution.[2] Les premiers, qui sont les doctes, à la censure desquels nous deferons infiniment, disent que nostre tragi-comédie n'est pas composée selon les lois que les anciens ont prescrites pour le theatre, sur lequel ils n'ont rien voulu representer que les seuls evenements qui peuvent arriver dans le cours d'une journée. Et cependant, tant en la première qu'en la seconde partie de nostre pièce, il se trouve des choses qui ne peuvent estre comprises en un seul jour, mais qui requièrent l'estendue de plusieurs jours pour estre mises à execution.

Mais aussi les anciens, pour eviter cet inconvenient de joindre en peu d'heures des actions grandement éloignées de temps, sont tombées en deux fautes, aussi importantes que celles qu'ils vouloient fuyr : l'une, en ce que, prevoyant bien que la variété des evenemens est necessaire pour rendre la representation agreable, ils font eschoir en un mesme jour quantité d'accidens et de rencontres qui, probablement, ne peuvent estre arrivées en si peu d'espace. Cela offense le judicieux spectateur, qui desire une distance, ou vraye, ou imaginaire, entre ces actions-là, afin que leur esprit n'y découvre rien de trop affecté, et qu'il ne semble pas que les personnages soient attitrez pour paroistre à point nommé comme des dieux de machine, dont on se servoit aussi bien souvent hors de saison. Ce defaut se remarque presque dans toutes les pièces des anciens, et principalement où il se fait quelque recognoissance d'un enfant autrefois exposé : car sur l'heure mesme, pour fortifier quelque conjecture fondée sur l'age, les traits de visage, ou sur quelque anneau ou autre marque, la personne dont on s'est servy pour le perdre, le pasteur qui l'a nourri, la bonne femme qui l'a allaité, etc., se rencontrent et paroissent soudainement comme par art de magie sur le theatre, quoy que vray-semblablement tout ce peuple là ne se puisse ramasser qu'avec beaucoup de temps et de peine. Toutes les tragedies et les comedies des anciens sont pleines de ces exemples.

Sophocle mesme, le plus reglé de tous, en son Œdipe Regnant, qui nous est proposé par les experts comme le modelle d'une parfaite tragedie, est tombé dans cet inconvenient : car sur l'heure mesme que Créon est de retour de l'oracle de Delphes, qu'on est en peine de trouver l'autheur de la mort de Laïus, qu'on a envoyé querir un ancien serviteur qui en peur sçavoir des nouvelles et qui doit arriver incontinent, le poëte faict survenir de Corinthe le vieillard qui avoit autrefois enlevé l'enfant Œdipe, et qui l'avoit receu des mains de ce vieil serviteur qu'on attend. De sorte que toute l'affaire est decouverte en un moment, de peur que l'estat de la tragedie n'excède la durée d'un jour. Qui ne voit en cet endroict que la survenue du vieillard de Corinthe est apostée et mendiée de trop loin, et qu'il n'est pas vray-semblable qu'un homme qui n'étoit point mandé pour cet effet arrivât et s'entretint avec Œdipe justement dans l'intervalle du peu de temps qui s'y écoule depuis qu'on a envoyé querir le vieil serviteur de Laïus ? N'est-ce pas afin de faire rencontrer ces deux personnages ensemble, malgré qu'ils en àyent, et pour descouvrir en un mesme instant le secret de la mort de ce pauvre prince ?

De cette observation de ne rien remettre à un lendemain imaginé, il arrive encore que les poëtes font que certaines actions se suivent immediatement, quoy qu'elles desirent necessairement une distance notable entr'elles, pour estre faites avec bien-seance. Comme quand Æschylus fait entrer Agamemnon avec pompe funebre, accompagné d'une longue suite de pleureurs et de libations, sur le point mesme qu'il vient d'estre tué. Cependant que ce parricide doit avoir mis toute la maison royale et toute la ville en desordre, que ce corps doit estre caché ou abandonné par les meurtiers, et que le theatre doit estre tout plein de mouvemens violens, de compassion et de vengeance, ils marchent en grande solennité et en bel ordre au convoi de ce malheureux prince, de qui le sang est encore tout chaud, et qui, par maniere de dire, n'est que demi mort.

Le second inconvenient qu'ont encouru les poëtes anciens pour vouloir resserrer les accidens d'une tragedie entre deux soleils est d'estre contraints d'introduire à chaque bout de champ des messagers, pour raconter les choses qui se sont passées les jours precedens, et les motifs des actions qui se font pour l'heure sur le theatre. De sorte que presque à tous les actes ces Messieurs entretiennent la compagnie d'une longue deduction de fascheuses intrigues, qui font perdre patience à l'auditeur, quelque disposition qu'il apporte à escouter. De fait, c'est une chose importune qu'une mesme personne occupe tousjours le theatre, et il est plus commode à une bonne hostellerie qu'il n'est convenable à une excellente tragedie d'y avoir arriver incessamment des messagers. Ici il faut eviter tant que l'on peut ces discoureurs ennuyeux qui racontent les adventures d'autruy, et mettre les personnes mesme en action, laissant ces longs narrés aux historiens, ou à ceux qui ont pris la charge de composer les Argumens et les sujets des pièces que l'on represente. Quelle difference y a il, je vous prie, entre les Perses d'Æschyle et une simple relation de ce qui s'est passé entre Xerxès et les Grecs? Y a il rien de si

plat et de si maigre ? Et le degout du lecteur d'où
vient-il, sinon de ce qu'un messager y joue tous les
personnages, et que le poëte n'a pas voulu franchir cette
loi que l'on nous accuse à tort d'avoir violée ? Mais ce
n'est pas mon humeur de trouver davantage à redire
aux œuvres d'un poëte qui a eu le courage de combattre
vaillamment pour la liberté de son pays; en ces fameuses
journées de Marathon, de Salamine et de Platée.
Laissons-le discourir en telle forme qu'il voudra de la
fuite des Perses, puis-qu'il a eu si bonne part à leur
defaite, et passons outre.

La poesie, et particulierement celle qui est composée
pour le theatre, n'est faite que pour le plaisir et le diver-
tissement, et ce plaisir ne peut proceder que de la varieté
des evenements qui s'y representent, lesquels ne pouvant
pas se rencontrer facilement dans le cours d'une journée,
les poëtes ont esté contraints de quitter peu à peu la
practique des premiers qui s'estoient resserrez dans les
bornes trop estroites ; et ce changement n'est pas si
nouveau que nous n'en ayons des exemples de l'antiquité.
Qui considerera attentivement l'Antigone de Sophocle
trouvera qu'il y a une nuit entre le premier et le second
enterrement de Polynice ; autrement, comment Antigone
eust-elle peu tromper les gardes du corps de ce pauvre
prince la première fois, et se derober à la veuë de tant de
monde, que par l'obscurité de la nuit ? Car à la seconde
fois elle y vient à la faveur d'une tempête et d'une grande
pluye, qui fait retirer toutes les gardes, cependant qu'elle,
au milieu de l'orage, ensevelit son frère et luy rend les
derniers devoirs. D'où il resulte que la tragedie d'Antigone represente les actions de deux jours pour le moins,
puisque le crime pretendu de cette princesse presuppose
la loi de Creon, qui est faicte publiquement et en plein
jour sur le theatre, en presence des anciens bourgeois de
la ville de Thebes. Voicy donc l'ordre de cette tragedie :

la loi ou la deffense de Creon, faicte et publiée durant le jour ; le premier enterrement de Polynice, que je soustiens avoir esté faict la nuit ; le second durant un grand orage en plein midi : voilà le second jour.

Mais nous avons un exemple bien plus illustre d'une comedie de Menander (car nos censeurs veulent qu'on observe la mesme reigle aux comedies qu'aux tragedies pour le regard de la difficulté que nous traittons) intitulée Ἑαυτόντιμοροὺμενος, traduite par Terence, en laquelle le poëte comprend sans aucun doute les actions de deux jours, et introduit les acteurs qui le témoignent en termes très intelligibles. En l'acte premier, scène seconde, Chremès advertit son fils de ne s'ecarter pas trop loing de la maison, veu qu'il est desjà trop tard. En l'acte second, scène quatrième, Clitipho et sa bande entre au logis pour souper avec le vieillard, et la nuict s'y passe en de beaux exercices. Le lendemain Chremès se leve de bon matin pour advertir Menedemus du retour de Clinia son fils, et sort de la maison en s'essuyant les yeux, et prononçant ces mots : *Lucescit hoc iam*, etc., le jour commence à poindre, etc. Que s'il se trouve quelqu'un si hardi de dire que Menander et Terence ont failly en cet endroit, et qu'ils se sont oubliez de la bien-seance qu'il faut garder au theatre, qu'il prenne garde de n'offenser pas quant et quant les premiers hommes des Romains, Scipion et Laelius, que Cornelius Nepos tient pour estre les vrais autheurs de cette comedie, plustost que Terence.

Il se voit donc par là que les anciens et les plus excellents maistres du mestier n'ont pas tousjours observé ceste reigle, que nos critiques veulent nous faire garder si religieusement à ceste heure. Que si toutesfois ils l'ont practiquée le plus souvent, ce n'est pas qu'ils crussent d'y estre obligez absoluëment pour contenter l'imagination du spectateur, contre laquelle on fait bien autant de force par les deux voyes que j'ay declarées ; mais c'etoit leur coustume de n'oser se departir que de bien peu du chemin que leurs devanciers leur avoient tracé. Ce qui paroît en ce que les moindres innovations du theatre sont cottées ³ par les anciens comme des changemens fort importans et fort remarquables de l'Estat. Sophocle a inventé le cothurne et adjousté trois personnages aux chœurs, qui auparavant luy n'etoient que de douze. Ce changement est de bien peu de consequence, et ne touche que la taille de l'acteur et le nombre des choeurs, qui sont tousjours desagreables, en quelque quantité ou qualité qu'ils paroissent.

Or, il y a deux raisons, à mon advis, pour lesquelles les anciens tragiques n'ont osé s'eloigner, si ce n'est de bien peu et pied à pied, de leurs premiers modelles. La première est que leurs tragedies faisoient une partie de l'office des dieux et des ceremonies de la religion, en laquelle les nouveautés estant tousjours odieuses et les changemens difficiles à gouster, s'ils ne se font d'eux-mesmes et comme insensiblement, il est arrivé que les poëtes n'ont osé rien entreprendre qui ne fut conforme à la practique ordinaire. Et c'est peut-estre aussi la cause pour laquelle, encor qu'ils representent des actions atroces, accompagnées et suivies de meurtres et autres espèces de cruauté, si est-ce qu'ils ne repandent jamais de sang en presence des spectateurs, et toutes ces sanglantes execu- tions s'entendent estre faictes derrière la tapisserie ; et cela de peur que la solemnité ne soit profanée par le spectacle de quelque homicide : car, si l'on y prend bien garde, l'Ajax de Sophocle ne se tuë pas dessus le theatre, mais dans un boccage voisin, d'où l'on peut fa- cilement entendre sa voix et les derniers soupirs de sa vie.

La seconde raison qui faict que les anciennes tragedies ont presque une mesme face et sont toutes pleines de chœurs et de messagers, à bien peu près l'une de l'autre, vient de ce que les poëtes, desirant d'emporter le prix destiné à celui qui auroit le mieux rencontré, s'obligeoient d'escrire à l'appetit et au goust du peuple et des juges, qui sans doute eussent refusé d'admettre au nombre des contendans celui qui n'eust pas gardé les formes d'escrire observées en telles occasions auparavant luy.   Les matières mesmes estoient prescrites et proposées, sur lesquelles les poëtes devoient travailler cette année-là.   D'où l'on voit que presque toutes les anciennes tragedies ont un mesme subject, et que les mesmes argumens sont traités par Æschyle, Sophocle et Euripide, tragiques desquels seuls quelques ouvrages entiers sont parvenus jusques à nous. Il est encor arrivé de là que ces sujets et ces arguments ont esté pris de quelques fables ou histoires grecques en petit nombre et fort connues du peuple, qui n'eut pas agréé qu'on l'eust entretenu d'autres spectacles que de ceux qui se sont tirez des choses arrivées à Thèbes et à Troye.   Adjoustez à cela que les Atheniens, ayant reçu les tragedies d'Æschyle avec un applaudissement extraordinaire, voulurent, par privilège special, qu'elles pussent encore estre jouées en public après la mort de leur autheur.   Ce qui les mit en tel credit, que les poëtes tragiques suyvans estimèrent qu'ils ne se devoient pas beaucoup escarter d'un exemple dont on faisoit tant d'estat, et qu'il falloit s'accommoder à l'opinion populaire, puisque c'estoit celle du maistre.

Depuis, les Latins, s'etant assujectis aux inventions des Grecs, comme tenant d'eux les lettres et les sciences, n'ont osé remuer les bornes qu'on leur avoit plantées, et particulièrement au suject dont nous parlons.   Car les Romains, ayant imité les Grecs aux autres genres de poësie, et mesmes ayant disputé du prix avec eux pour le poëme historique et lyrique, se sont contenus, ou bien peu s'en faut, dans les simples termes de la traduction en

leurs tragedies, et n'ont traité aucun subject qui n'eust
esté promené plusieurs fois sur les theatres de la Grèce.

Je ne veux point parler d'Accius, de Naevius, de
Pacuvius et de quelques autres, desquels nous avons
quantité de fragments citez sous titres de fables grecques
par les grammairiens ; les seules tragedies latines qui ont
esté composées en un meilleur siècle, et qui nous restent,
sont presque toutes grecques, tant en la matière qu'en
la forme, excepté la Thebaïde, en ce qu'elle n'introduit
point de chœurs, et l'Octavie, en ce qu'elle a pour subject
une histoire romaine ; mais celle-cy est l'ouvrage d'un
apprentif, si nous en croyons Juste Lipse, et ne merite
que nous en facions beaucoup de compte.

Ensuite des Latins, le theatre ayant esté abandonné
aussi bien que les autres lettres plus polies, la barbarie a
succedé à ce long interrègne des lettres humaines, qui
n'ont repris leur authorité que de la memoire de nos
pères. En cette restauration toutefois il s'est commis
plusieurs fautes ; mais ce n'est pas mon dessein d'en
parler en ce lieu, et je ne le peux entreprendre sans faire
un livre d'une preface, et'dire beaucoup de bonnes choses
hors de propos. Seulement desireroy-je que François
Bacon, le censeur public des deffauts de la science
humaine, en eust touché quelque chose dans ses livres,
comme il semble que sa matière l'y obligeoit. Je me
resserre icy dans les limites de la seule poësie, et je dis
que l'ardeur trop violente de vouloir imiter les anciens a
fait que nos premiers poëtes ne sont pas arrivez à la gloire
ny à l'excellence des anciens. Ils ne consideroient pas
que le goût des nations est different aussi bien aux objects
de l'esprit qu'en ceux du corps, et que, tout ainsi que les
Mores, et sans aller si loing, les Espagnols, se figurent et
se plaisent à une espèce de beauté toute differente de
celle que nous estimons en France, et qu'ils desirent en
leurs maistresses une autre proportion de membres et

d'autres traits de visage que ceux que nous y recherchons, jusques là qu'il se trouvera des hommes qui formeront l'idée de leur beauté des mesmes lineamens dont nous voudrions composer la laideur ; de mesme il ne faut point douter que les esprits des peuples n'ayent des inclinations bien differentes les uns des autres, et des sentiments tout dissemblables pour la beauté des choses spirituelles, telle qu'est la poësie, ce qui se fait neant moins sans interest de la philosophie : car elle entend bien que les esprits de tous les hommes, sous quelque ciel qu'ils naissent, doivent convenir en un mesme jugement touchant les choses necessaires pour le souverain bien, et s'efforce tant qu'elle peut de les unir à la recherche de la verité, parce qu'elle ne sauroit estre qu'une ; mais pour les objects simplement plaisans et indifferens, tel qu'est celuy-cy dont nous parlons, elle laisse prendre à nos opinions telle route qu'il leur plaist, et n'estend point sa juridiction sur ceste matière.

Ceste verité posée, il ouvre une voye douce et aimable pour composer les disputes qui naissent journellement entre ceux qui attaquent et ceux qui deffendent les ouvrages des poëtes anciens : car, comme je ne sçaurois faire que je ne blasme deux ou trois faiseurs de chansons qui traitent Pindare de sot et d'extravagant, Homère de resveur, etc., etc., et ceux qui les ont imitez en ces derniers temps, aussi trouvé-je insolite qu'on nous les propose pour des modelles parfaicts, desquels il ne nous soit pas permis de nous escarter tant soit peu. A cela il faut dire que les Grecs ont travaillé pour la Grèce, et ont reussi, au jugement des honnêtes gens de leur temps, et que nous les imiterons bien mieux so nous donnons quelque chose au genie de nostre pays et au goust de nostre langue, que non pas en nous obligeant de suivre pas à pas et leur intention et leur elocution, comme ont faict quelques uns des nostres. C'est en cet endroit qu'il faut que le jugement opère comme partout ailleurs, choisissant des anciens ce qui se peut accommoder à nostre temps et à l'humeur de nostre nation, sans toutesfois blasmer des ouvrages sur lesquels tant de siècles ont passé avec une approbation publique. On les regardoit en leur temps d'un autre biais que nous ne faisons à cette heure, et y observoit-on certaines graces qui nous sont cachées et pour la decouverte desquelles il faudroit avoir respiré l'air de l'Attique en naissant, et avoir esté nourri avec ces excellens hommes de l'ancienne Grèce.

Certes, comme nostre estomac se rebute de quelques viandes et de quelques fruicts qui sont en delices aux pays estrangers, aussi nostre esprit ne gouste pas tel traict ou telle invention d'un Grec ou d'un Latin qui autresfois a esté en grande ˙admiration. Il falloit bien que les Atheniens trouvassent d'autres beautez dans les vers de Pindare que celles que nos esprits d'à present y remarquent, puis-qu'ils ont recompensé plus liberalement un seul mot dont ce poëte a favorisé leur ville que les princes d'aujourd'hui ne feroient une Iliade composée à leur louange.

Il ne faut donc pas tellement s'attacher aux methodes que les anciens ont tenues, ou à l'art qu'ils ont dressé, nous laissant mener comme des aveugles ; mais il faut examiner et considerer ces methodes mesmes par les circonstances du temps, du lieu et des personnes pour qui elles ont esté composées, y adjoustant et diminuant pour les accommoder à nostre usage, ce qu'Aristote eust avoué : car ce philosophe, qui veut que la supresme raison soit obeie par tout, et qui n'accorde rien à l'opinion populaire, ne laisse pas de confesser en cet endroit que les poëtes doivent donner quelque chose à la commodité des comediens pour faciliter leur action, et ceder beaucoup à l'imbecillité et à l'humeur des spectateurs. Certes, il en eust accordé bien davantage à l'inclination et au jugement de toute une nation, et s'il eust faict des loix pour une pièce qui eust deu estre representée devant un peuple impatient et amateur de changement et de nouveauté comme nous sommes, il se fust bien gardé de nous ennuyer par ces narrez si frequents et si importuns des messagers, ny de faire reciter près de cent cinquante vers tout d'une tire à un chœur, comme fait Euripide en son Iphigenie en Aulide.

Aussi les anciens mesme, recognoissant le deffaut de leur theatre, et que le peu de varieté qui s'y pratiquoit rendoit les spectateurs melancoliques, furent contraincts d'introduire des satyres par forme d'intermède, qui, par une licence effrenée de medire et d'offenser les plus qualifiez personnages, retenoient l'attention des hommes, qui se plaisent ordinairement à entendre mal parler d'autruy.

Cette œconomie et disposition dont ils se sont servis faict que nous ne sommes pas en peine d'excuser l'invention des tragicomedies, qui a eté introduicte par les Italiens, veu qu'il est bien plus raisonnable de mesler les choses graves avec les moins serieuses en une mesme suite de discours, et les faire rencontrer en un mesme subject de fable ou d'histoire, que de joindre hors d'œuvre des satyres avec des tragedies, qui n'ont aucune connexité ensemble et qui confondent et troublent la veuë et la memoire des auditeurs : car de dire qu'il est mal seant de faire paroistre en une mesme pièce les mesmes personnes, traitant tantost d'affaires serieuses, importantes et tragiques, et incontinent après de choses communes, vaines et comiques, c'est ignorer la condition de la vie des hommes, de qui les jours et les heures sont bien souvent entrecoupés de ris et de larmes, de contentement et d'affliction, selon qu'ils sont agitez de la bonne ou de la mauvaise fortune. Quelqu'un des dieux voulut autrefois mesler la joie avec la tristesse pour en faire une mesme composition ; il n'en peut venir à bout, mais aussi il les attacha queuë à queuë. C'est pourquoi ils s'entresuivent ordinairement de si près, et la nature mesme nous a montré qu'ils ne differoient guère l'un de l'autre, puisque les peintres observent que les mesmes mouvemens de muscles et de nerfs qui forment les ris dans le visage sont les mesmes qui nous servent à nous faire pleurer et à nous mettre dans ceste triste posture dont nous tesmoignons une extrême douleur. Et puis, au fond, ceux qui veulent qu'on n'altère et qu'on ne change rien des inventions des anciens ne disputent icy que du mot, et non de la chose : car, qu'est-ce que le Cyclope d'Euripide, qu'une tragi-comedie pleine de railleries et de vin, de Satyres et de Silènes, d'un costé, de sang et de rage de Polyphème eborgné de l'autre ?

La chose est donc ancienne, encore que le nom en soit nouveau ; il reste seulement de la traiter comme il appartient, de faire parler chaque personnage selon le subject et la bien-seance, et de sçavoir descendre à propos du cothurne de la tragedie (car il est icy permis d'user de ces termes) à l'escarpin de la comedie, comme a faict nostre autheur.

Personne n'ignore combien le style qu'on emploie en de si differentes matières doit estre different : l'un haut, eslevé, superbe ; l'autre mediocre et moins grave. C'est pourquoi Pline le Jeune avoit assez plaisamment surnommé deux de ses maisons des champs Tragedie et Comedie, parce que l'une estoit située sur une montagne, et l'autre au bas, sur le bord de la mer.

Or, comme cette differente situation les rendoit diversement agreables, aussi je crois que le style de nostre autheur contentera les esprits bien faicts, soit alors qu'il s'elève et qu'il faict parler Pharnabaze avec la pompe et la gravité convenable à un prince enflé de ses prosperitez et de la bonne opinion de soy-mesme, soit alors qu'il s'abaisse et qu'il introduit Timadon, qui dresse une partie d'amour, ou un page deguisé en fille qui s'en va tromper un vieillard.

Je sçay bien que nos censeurs modernes passeront legerement les yeux sur toutes les beautés de nostre tragi-comedie, et laisseront en arrière tant d'excellens discours, de riches descriptions et autres rares inventions toutes nouvelles qui s'y rencontrent, pour s'arrester à quelques vers un peu rudes et à trois ou quatre termes qui ne seront pas de leur goust ; mais il faut qu'ils considèrent, s'il leur plaist, qu'il y a bien de la difference d'une chanson et d'un sonnet à la description d'une bataille ou de la furie d'un esprit transporté de quelque passion violente, et qu'icy il est necessaire d'employer des façons de parler toutes autres que là, et des mots qui peut-estre ne seroient pas tolerables ailleurs. Joint que tout ce que reprennent ces Messieurs n'est pas incontinent pour cela digne de correction ; ils se mecontent⁴ fort souvent en l'approbation et en la reprobation des ouvrages d'autruy et des leurs propres. Et certes, qui voudra plaire aux doctes et à la posterité est en danger de deplaire à quelques esprits foibles et envieux d'à present.

Preface to the Tyr et Sidon of Jean de Schelandre,
in the edition of 1628.

¹ François Ogier (after 1595–1670), cleric and controversialist, with a reputation as a wit. Defended contemporary writers against the attacks of Garasse, and Balzac against the attacks of Goulu.

² *elocution :* style. *Nostre autheur* was Jean de Schelandre, and his *invention* the tragi-comedy *Tyr et Sidon*, which first appeared in print in 1608 and, in more developed form, in 1628, with the preface by Ogier. The most accessible text of play and preface is that given in Viollet-le-Duc's *Ancien Théâtre Français*, Vol. VIII.

³ *cottées :* marked, noted.

⁴ *meconter :* *mécompter*, to make a mistake in calculation.

APPENDICES

I

The descriptions of the comic characters so often met in the texts printed above may derive in part from observation, but they appear to have literary sources, as, for instance, Terence, *Heaut.*, prologue, 37 and ff., *Eunuchus*, prologue, 36 and ff., and the following verses which are found in many editions of Terence in the sixteenth century. The text given is that found in the *editio princeps* of Terence, 1470, Strasbourg, with the necessary expansions.

EPITAPHIUM TERENTII

Natus in excelsis tectis Cartaginis altae
Romanis duibus bellica praeda fui.
Descripsi mores hominum iuuenumque senumque
Qualiter ac serui decipiant dominos
Quid meretrix quid leno dolis confingat auarus
Nec quicumque legit sic puto cautus erit.

The following translation is given in the *Pornegraphie Terentiane*, Lyon, 1558 (on which see H. Chamard's edition of the *Œuvres Poetiques de J. du Bellay*, Paris, Hachette, Vol. V, 1923 (S.T.F.M.), pp. v and ff., and my *Térence en France au XVIe siècle*, Paris, Jouve, 1926, pp. 488 and ff.).

Je qui fu né dedans un hault estage
Des grans palais de la haulte Carthage,
Fu prins en guerre, et cheu entre les mains
Des fors veinqueurs Capitaines Rommains.
Puis descrivi les meurs et les façons
Des hommes vieux et des jeunes garçons :
Comme les serfs, fins valets affectez,
Trompent souvent leurs maistres hebetez,

De quels fins tours, par quelle feincte ruse
La courtisanne un fol amant abuse,
Que faict et fainct par dol et par cautele
Le rufien avare, vivant d'elle.
  Quiconque donc ces exemples lira,
Mieux avisé (comme je croy) sera.

II [1]

The *Poetices libri septem* of Julius Caesar Scaliger appeared
in Lyon in 1561. It is probable that, as a friend of the
Pléiade, Scaliger had already discussed with that group his
views on the art of poetry. Moreover, reference to the work
is so often found in writings on the drama of the sixteenth
and seventeenth centuries that it is proper to give here the
most striking passages from this large, substantial and complicated book. There is, of course, much in Scaliger that the
reader will have seen elsewhere, but usually more closely
argued, indeed sometimes almost *too* closely argued. It was
not idly that Scaliger wrote : " nos autem ad subtiliora
animum appulimus ".

(i) Comoediam [a] igitur sic definiamus nos : poema drama-
ticum, negotiosum, exitu laetum, style populari. Errarunt
enim qui Latinis sic definiuere : priuatarum personarum,
ciuilium negotiorum comprehensio, sine periculo. Principio
aliis quoque fabulis conuenit non dramaticis, quae simplici
narratione recitari possunt. Deinde in Comoedia semper est
periculum, alioquin exitus essent frigidissimi. Quid enim
est aliud periculum, quam imminentis mali aditio siue
tentatio ? Praeterea non solum pericula, sed etiam damna
lenonibus et riualibus et seruis et heris . . .

Lib. I, cap. v, " Comoedia et Tragoedia ".

(ii) Tragoedia, sicut et Comoedia in exemplis humanae
uitae conformata, tribus ab illa differt : personarum condi-
tione, fortunarum negotiorumque qualitate, exitu. Quare
stylo quoque differat necesse est. In illa e pagis sumpti
Chremetes, Daui, Thaïdes loco humili, initia turbatiuscula,

---

[1] For translation see pages 136–43.

fines laeti, sermo de medio sumptus ; in tragoedia reges, principes, ex urbibus, arcibus, castris, principia sedatiora, exitus horribiles, oratio grauis, culta, a uulgi dictione auersa, tota facies anxia, metus, minae, exilia, mortes. Memoriae proditum est Euripidem ab Archelao rege Macedoniae, cuius in fide ac clientela esset, rogatum ut de se tragoediam scriberet : Ne, inquit ille, Iupiter, ne tantum mali . . .

Imitatio [b] per actiones illustris fortunae, exitu infelici, oratione graui metrica. Nam quod harmoniam et melos addunt, non sunt ea, ut philosophi loquuntur, de essentia tragoediae . . .

Paucis enim uersibus [c] nequit satisfieri populi expectationi ; qui eo conuenit, ut multorum dierum fastidia cum aliquot horarum hilaritate commutet. Quemadmodum inepta quoque est prolixitas : adeo ut facete dicas illud Plautinum :

lumbi sedendo, oculi spectando dolent.[d]

Lib. I, cap. vi, " Tragoedia ".

(iii) Festiue [e] (ut solet) Plautus Amphitruonem suam tragi-comoediam appellauit : in qua personarum dignitas atque magnitudo comoediae humilitate admistae essent . . .

Lib. I, cap. vii, " Comoediae species ".

(iv) Has nunc partes [g] in fabulis considerabimus. Sunt autem enarratae sub communi fabulae appellatione genera illa : tragoedia et comoedia. Comoediarum species aliquot. Comoediae igitur partes aliae primariae, aliae accessoriae, aliae attinentes. Verae et primariae sunt quatuor : protasis, epitasis, catastasis, catastrophe. Scio a nonnullis tres tantum enumeratas, nos autem ad subtiliora semper animum appulimus. Harum partium communes portiones maiores actus dicuntur. Verum non penitus, neque semper. Actus enim quintus interdum non est pars catastrophes, sed aequalis ei, simul cum ea sortitur et initium et finem. Eodem modo et protasis actum primum tam totum comprehendit quam ab eo tota complectitur. Praeterea protasis non semper in primo : in secundo enim actu est apud Plautum in Milite Glorioso. Actuum autem portiones minores sunt quae scenas uocant. Par ratio et in trageodiis. Hae uerae et primariae et legitimae. Accessoriae autem argumentum, prologus, chorus, mimus. Attinentes uero, quas philosophi circumstantia nominant, titulus, modi, cantus, thymele siue saltatio, apparatus. Tragoedia neque argumentum habet, neque prologum separatum, sed in persona aliqua ad fabulam pertinente. Nam prologi comici persona, quum lubet, extra fabulam tota est : non quia semel quum recitauit nusquam praeterea comparet ; hoc enim etiam ad fabulam pertinens persona interdum patitur, quemadmodum Sosia in Andria, atque idcirco προτατική, uel ut alii προστατική dicitur : uerum prologi personae cum fabula nihil commune : nihilo magis inquam cum fabulae coniuncta negotiis, quam choragi, quum inter actus ad epirrhemata introducitur, qualis in Curgulione Plauti. Habet autem tragoedia chorum, quem nunquam amisit . . . Cantum quoque communem cum comoedia partem habet, et titulum, cum saltatione et apparatu. Has igitur omnes sigillatim recenseamus.

Partes legitimae sunt, sine quibus nequit fabula constare, quibusque contentam esse oportet. Protasis est in qua proponitur et narratur summa rei sine declaratione exitus. Ita enim argutior est, animum semper auditoris suspensum habens ad expectationem. Si enim praedicitur exitus, frigidiuscula fit. Tametsi ex argumento omnem rem tenes, tamen adeo expedita ac breuis est indicatio, ut non tam saturet animum quam incendat. Epitasis in qua turbae aut excitantur aut intenduntur. Catastasis est uigor ac status fabulae, in qua res miscetur in ea fortunae tempestate in quam subducta est. Hanc partem multi non animaduertere ; necessaria tamen est. Catastrophe conuersio negotii exagitati in tranquillitatem non expectatam. His partibus additus, uti dicebamus, prologus, quem Latinis solis attribuunt quidam. Pars haec monoprosopos est, quae non potest explicari definitione, nisi colligatur ex diuisionibus. Unus enim argumentum narrat. Alius poetae consilia in fabulis, ut in Adelphis. Illum uocant ὑποδετικόν . . . Mirum uero, si prologus tota res Latina est, quomodo inuenit nomen Graecum. Alterum genus commendatitium ; quare συστατικὸν nominant, quia exoret auditores pro authore et fabula . . . Huiusmodi

habes in Hecyra. Tertium genus, quum refelluntur obiec-
tiones aduersariorum, ut in Andria, aut etiam regeruntur
crimina . . . quod propterea dixere ἀναφορικόν. Alii sunt
misti, ut in Casina . . .[h]

Argumentum autem noua sane res, neque necessaria, nisi
iis in fabulis quarum prologus aliud agit, neque in protasi
continetur . . .

Actus est dictus ab actionibus communibus : quia totum
genus δραματικόν. Est enim pars fabulae continens diuersas
actiones pro diuersitate quam diximus partium. Denominati
autem sunt ab ordine, qui numero quinario complectitur,
neque enim plures paucioresue quinis esse conuenit. Distin-
guebantur autem interuentu cuiuspiam personae nouae olim,
postea uero saepe aliter factum inuenias. Personam eandem
negat Donatus plus quinquies exire in proscenium, falso.
Vel statim ipsa in Andria Dauus ostendit haud ita esse, tum
alibi saepe.

Scena est actus pars, in qua duae pluresue personae colloquuntur. Eius initium est aliquando ab omnium ingressu,
aliquando ab unius tantum, qui deinde alium quempiam
inuenit a scena superiore : finitur autem abitu interdum
omnium, nonnunquam unius tantum. Adeo ut si tres fuerint,
duo reliqui sequentem constituant scenam. Aliquando unus
solus relinquitur ad futuram scenam . . .

Chorus est pars inter actum et actum. In fine tamen
fabularum etiam choros uidemus, quare tutior erit definitio
quae dicat : post actum, introducta cum concentu . . .[i]

Lib. I, cap. ix, " Comoediae et Tragoediae partes ".

(v) Tragoediae quoque distinguuntur per eadem paene
membra quibus et Comoedia. Protasin dico et alias. Item
actus ac scenas. Protasis autem et catastrophe non differunt
genere, sed modo. Utraque enim negotiosa. Catastrophe
illis turbis addidit mortes aut exilia. Utrique tamen commune, interdum exitum commistum habere moerore ac
laetitia. Nam in Asinaria et Phormione et Casina et Persa
laetos simul ac moestos inuenias . . .[j]

Lib. I, cap. xi, " Tragoediae partes. De choro iterum ".

(vi) Tragoedia,[k] quanquam huic epicae similis est, eo tamen differt, quod raro admittit personas uiliores, cuiusmodi sunt nuncii, mercatores, nautae et eiusmodi. Contra, in comoedia nunquam reges, nisi in paucis, quemadmodum lusit Plautus in Amphitryone . . .

Tragoediae ac comoediae idem modus repraesentandi, sed diuersae res et ordo. Res tragicae grandes, atroces, iussa regum, caedes, desperationes, suspendia, exilia, orbitates, parricidia, incestus, incendia, pugnae, occaecationes, fletus, ululatus, conquaestiones, funera, epitaphia, epicedia. In comoedia lusus, comessationes, nuptiae, repotia, seruorum astus, ebrietates, senes decepti, emuncti argento . . .

Tragoedia uero tota grauis, ea sane quae uera tragoedia est . . . Comoediae multae infelices quibusdam fines habent . . . nec minus laetae tragoediae non paucae . . .

Tragoediae proprium exitus infelix : modo intus sint res atroces. Quum igitur ex historia argumenta petant, curandum est ne multum ab ea deflectantur . . .

Sententiae . . . sunt enim quasi columnae aut pilae quaedam totius fabricae illius . . . quibus tota tragoedia est fulcienda . . .

Res autem ipsae ita deducendae disponendaeque sunt ut quam proxime accedant ad ueritatem . . . Delectamur autem uel iocis, quod est comoediae, uel rebus seriis, si uero sint propiores. Nam mendacia maxima pars hominum odit. Nec praelia illa aut oppugnationes quae ad Thebas duabus horis conficiuntur placent mihi. Nec prudentis est poetae efficere ut Delphis Athenas, aut Athenas Thebis momento temporis proficiscatur . . . adeoque cito uix ut actor respirandi tempus habeat . . .

Argumentum ergo breuissimum accipiendum est, idque maxime uarium multiplexque faciundum . . . Quum enim scenicum negotium totum sex octoue horis peragatur, haud uerisimile est, et ortam tempestatem, et obrutam nauem eo in maris tractu, unde terrae conspectus nullus . . .

At ea tragoedia quae spectatorem explere ac saturum dimittere potest, unum aut plures euentus habeat. πὲριπετέιας uocat Aristoteles. Eae positae sunt in fortuna aut hominum consiliis.   Ita saepe ignotae uel personae uel loca agnoscuntur fortuito, aut signis, aut ominibus . . . aut oraculis . . .   Est autem euentus aut infelix aut cum infortunio coniunctus. Malorum laetitia in luctum ; bonorum moeror in laetitiam, sed cum periculo aut damno exilii, iudicii, caedis, ultionis . . .

Non semper canit chorus ; sed omnes interdum loquuntur, aliquando unus . . .

In noua [comoedia] igitur nuptiae et amores maxima ex parte, riualitates multae, uirgines emptae a lenonibus, quae sint liberae, quaeque liberae inueniantur, aut annulo, aut crepundiis, aut nutricibus, a patre, a matre, ab amatore, a fratre, semper cum lenonum infortunio.   Caeterum, uel ex authoribus, uel ipsius uitae nostrae exemplis sibi quisque quantum uolet sumet.   Differt autem a tragoedia in eo quoque : illa enim accepit ex historia et rem et nomina primaria, ut Agamemnonis, Herculis, Hecubae, aliqua affingit ; at comoedia fingit omnia, atque personis, maxima ex parte, pro re imponit nomina . . . [l]

Lib. III, cap. xcvii, "Tragoedia, comoedia, mimus ".

(vii) Terentii [m] uero quod immutemus, sane habemus nihil : summa enim ille arte omnia, accurateque imprimis nitescit oratione . . .

Vasta, inquiunt, et hians, atque inanis comoedia [Heauton-timorumenos] est, tota namque intercedit nox.   Nam per initia coenam curant, postea Chremes ait, *lucescit.*   Sane igitur abiit nox.   Haec est illorum obiectio, quam sic dilui-mus : datam actamque fabulam ludis Megalensibus.   Itaque dimidium fabulae actum uesperi, noctem transactam ludis, alterum dimidium reliquum sub lucem.   Unam igitur quasi duas, id quod cum esset per praeconem pronuntiatum iussu aedilium, pollicitus est ipse quoque poeta in prologo, uerso illo :

duplex quae ex argumento facta est simplici.[n]

Lib. VI, cap. iii, "Plautus, Terentius ".

(viii) Duas omnino partes idem tragoediae facit : δέσιν, id est compositionem, etiam fasceationem dicas si liceat, sicuti fasciatim : et λύσιν, id est solutionem atque explicationem rerum complicatarum, quae in exitu est. Posteriores catastrophen appellarunt. Traiectionem uero illam, quae partes hasce coniungit, μετάβασιν, hoc est transitionem . . .

Lib. VII, cap. iv, " De partibus tragoediae et speciebus ".

ᵃ The text reproduced here, with some slight modifications of punctuation, is that of the Lyon edition of 1561.

Book I, ch. v, begins with an account of the names and early history of tragedy and comedy, with much display of erudition and discussion of minutiae.

ᵇ This definition is Scaliger's improvement on that of Aristotle, which he has just quoted verbatim.

ᶜ Scaliger has just advised moderation in length.

ᵈ *Menaechmi*, V, iii, 6.

ᵉ The chapter opens with an account of the Greek Old Comedy, the disappearance of the chorus, Middle Comedy, the rise of the New Comedy and its Latin imitations, proceeding to Plautus's frequent, Terence's rarer use of satire, and to the classification into Praetextatae, etc.

ᶠ The chapter ends with the classification into motoriae, etc. The next chapter (viii, " Tragoediarum species ") discusses the various types of ancient tragedy and the games at which they were played.

ᵍ Our extract is preceded by a philosophic discourse on the meaning and kinds of " pars ".

ʰ For these Greek terms (including the term " protatic ") see above, the Latin text of Donatus and notes thereto.

ⁱ A long detailed discussion follows on the organization of the ancient chorus and its divisions.

ʲ The chapter proceeds to further examples of mixed endings, to Aristotle's distinction of other parts of the play (mores, dictio, etc.), and ends with further details on the chorus and its metres. Ch. xiii deals with the comic characters : types, costumes, colours, footwear and the like. Ch. xiv with the suitability of these characters and their aspect : old men, youths, parasites, slaves, matrons, courtesans, maidservants, etc. Ch. xix treats the characters of tragedy along the lines of ch. xiii. Ch. xx details the material aspect and equipment of the ancient theatre.

ᵏ The chapter from which these extracts are taken is very long and substantial, recapitulating and discussing much of the matter of earlier chapters.

ˡ The chapter ends with yet a further treatment of the chorus.

ᵐ From this chapter I give Scaliger's appreciation of Terence and his " solution " of the problem of the two days in the *Heautontimorumenos*. Cf. Ogier's treatment in the extracts from his preface.

ⁿ *Heaut.*, prol. 6. There is some disagreement among textual critics on the correct reading of the line, which I quote as Scaliger gives it. It is found in this form in most sixteenth-century editions and in most manuscripts.

TRANSLATION APPENDIX II

(i) Let us then define comedy as a dramatic poem, full of business, happy in ending, in a style suited to ordinary people. Those men were wrong who defined it for the Latins as comprehending characters of private status and civil affairs without peril. In the first place, this applies to other and non-dramatic compositions, which can be set forth in simple narrative. Secondly, there is always some peril in comedy, otherwise its issues would be extremely uninteresting. For what else is peril but the approach or onset of impending ill?

Moreover, there are not merely dangers but actual injuries to panders, rivals, servants and masters . . .

(ii) Tragedy, while resembling comedy in that it conforms to the experience of human life, differs from it in three respects : the standing of the characters, the nature of the fortunes and affairs portrayed, and the ending. Whence also it necessarily differs in style. In comedy, characters like Chremes, Davus and Thaïs are taken from country places and humble situation, the beginnings are somewhat disturbed, the endings joyful, the conversation based on commonplace words. In tragedy there are kings and princes, taken from cities, citadels and camps, the beginnings are fairly peaceful, the endings terrifying, the speech weighty, polished, removed from popular use, the whole atmosphere one of apprehension, with fears, threats, exiles, deaths. It is handed down by tradition that Euripides, when asked by Archelaus, king of Macedonia, in whose protection and allegiance he was, to write a tragedy about him, replied : " Jove forbid that so much evil should ever befall you ! " . . .

[Tragedy is] an imitation, by means of acting, of an illustrious fate, with unhappy ending, weighty in style, in verse. As for the contributions of harmony and melody, these things are not, to use a philosophical term, of the essence of tragedy . . .

It is not possible in a few lines to satisfy the expectation of the public, which comes thither to relieve the weariness of many days with a few hours' enjoyment. It is equally foolish to be long-winded, so that you might pointedly quote that saying of Plautus :

My loins ache with sitting, my eyes with watching.

(iii) Plautus, with his accustomed wit, called his *Amphitruo* a tragi-comedy, because in it were mingled the greatness and importance of the characters with the lowly action that pertains to comedy . . .

(iv) We shall now consider these parts in plays. The following kinds are comprehended in the general name of play : tragedy and comedy. There are several kinds of comedy. Comedy therefore has primary parts and others which are accessory or incidental. The true and primary parts are four : protasis, epitasis, catastasis and catastrophe. I know that only three parts are enumerated by some writers, but we ourselves have always directed our mind to finer points. The major divisions of these parts are called acts ; but not fundamentally nor invariably, for the fifth act is sometimes not a part of the catastrophe, but is identical with it and shares with it beginning and end. In the same way the protasis embraces the whole first act and is itself completely embraced by it. Moreover, the protasis is not always placed in the first act ; it is in the second, for instance, in the *Miles Gloriosus* of Plautus. There are, however, smaller divisions of the acts, which are called scenes. A similar arrangement holds good for tragedy. These are the true, primary and proper parts. Accessory parts, however, are the argument, the prologue, the chorus and the mime. The incidental parts, which philosophers call circumstantial, are the title, mode, singing, dancing and equipment. Tragedy has no argument nor separate prologue, but employs for this purpose some character belonging to the play. For the rôle of the

comic prologue can, if it suits, be completely outside the play ; not merely in the sense that, once he has said his say, he never appears again, for this sometimes happens in the case of a character belonging to the play, as Sosia in the *Andria*, whence he is called " protatic " or, as some have it, " prostatic ", but that the rôle of the prologue has nothing to do with the play itself ; in no way more, I would say, is he connected with the business of the play than with that of the choragus when he is brought on between the acts for the " epirrhemata " [1] as in the *Curculio* of Plautus. But tragedy has a chorus, which it has never lost . . . It also has singing (or recitative) as a part in common with comedy, as also a title, dancing and equipment. Let us therefore examine all these parts one by one.

The proper parts are those without which the play cannot exist and within which it must be comprised. The protasis is that part in which the state of affairs is summarized without any revelation of the outcome. It is therefore subtly devised, always holding the mind of the hearer in suspense as to what to expect, for if the issue be revealed beforehand, it becomes somewhat flat. Although you may know the whole plot from the argument, yet it is so speedy and brief a statement that it does not so much satisfy the mind as kindle it.

The epitasis is that part in which troubles are either stirred up or intensified. The catastasis is the main and essential feature of the whole play ; in it the plot is complicated in that disturbance of fortune into which it has been led.[2] Many have not noticed the existence of this part, yet it is a necessary one. The catastrophe is the transformation of the troubled situation into an unexpected tranquillity. To these parts is added, as we have said, the prologue, which some attribute to Latin writers alone. This part is a " monoprosopos " [3] which cannot be made clear by definition, but may be comprehended from its various types. One prologue tells the plot. Another gives the poet's views on the play, as in the *Adelphi*. This kind is called " hypodetic " . . . But it is strange, if the prologue is an entirely Latin thing, how it has found a Greek name. Another kind is the com-

mendatory, whence it is called " sustatic ", because it wins
the favour of the audience for the author or the play . . .
You have a prologue of this kind in the *Hecyra*. A third kind,
in which adverse criticisms by enemies are rebutted, as in
the *Andria*, or accusations answered . . . is for that reason
called " anaphoric ".[4] Others are mixed, as in the *Casina* . . .

The argument is, however, really a new thing, nor is it
necessary, except in those plays whose prologue treats of other
matters and where the plot is not expounded in the protasis . . .

The act is so called from the action in which the players
combine, for the whole genre is dramatic. For it is part of
a play containing different actions, according, as we have
noted, to the difference of the parts. They are named
according to their order, which is comprised in the number
five, nor is it right to have more or less than five. They were
formerly distinguished by the arrival of some new character,
but later you will often find a different arrangement. Donatus
wrongly says that the same character does not appear on the
stage more than five times, but Davus in the *Andria* immediately shows that that is not so ; and so often elsewhere.

The scene is a part of the act ; in it two or more characters
speak together. Its beginning is sometimes the entrance of
all the characters, sometimes of one only, who then finds some
other character remaining from the preceding scene ; it
ends with the withdrawal sometimes of all, sometimes of one
character only. So that if there were three characters, two
are left and constitute the following scene. Sometimes one
alone is left for the next scene . . .

The chorus is a part between act and act. We do, however,
see choruses even at the end of plays, so that it will be a safer
definition to say : after the act, brought on with unison
chanting . . .

(v) Tragedies also are distinguished by means of almost
the same parts as comedy. I mean the protasis and so on.
Similarly for acts and scenes. The protasis and catastrophe [5]
are different, not in kind, but in degree. Both are full of
action. To the troubles [6] already there the catastrophe adds

deaths and exiles. Both tragedy and comedy have this in common, that sometimes their ending is one of mingled sadness and joy. For in the *Asinaria*, the *Phormio*, the *Casina* and the *Persa*, you will find endings that are joyful and sad at one and the same time . . .

(vi) Tragedy, though it resembles epic poetry, differs from it in that it rarely admits characters of low condition, such as messengers,[7] merchants, sailors and the like. On the other hand, comedy never has kings, except in very few, as Plautus amusingly puts them in his *Amphitruo* . . .

The manner of performance of tragedy and comedy is the same, but the matter and arrangement are different. Tragic matter is lofty, terrible, concerning the edicts of kings, deaths, despair, hangings, exiles, bereavements, parricides, incests, conflagrations, fights, blindings, weepings, wailings, lamentations, burials, funeral orations and dirges. In comedy it is sports, revels, weddings, carousings, tricks of slaves, drunken bouts, old men deceived and cheated of their money . . .

Tragedy, however, is entirely serious, at least that which is true tragedy . . . Many comedies have endings which are not happy for some of the characters concerned . . . and not a few tragedies are no less joyful . . .

The mark of tragedy is the unhappy ending, but within it must be gloomy matters. When therefore they borrow their matter from history, care must be taken not to depart much therefrom . . .

Moral sayings are, as it were, the columns and pillars of the entire play, on which the whole tragedy is to be sustained . . .

The matter itself is to be so conducted and disposed that it approximates as nearly as possible to truth . . . But we are pleased by jests, matter which is proper to comedy, or by serious matters, if they are truly fitting. For the majority of men hate falsehood. The battles and attacks before Thebes which are completed in a couple of hours do not please me. Nor is it the sign of a careful poet so to manage things that one goes from Delphi to Athens or to Athens from Thebes in a moment of time . . . so that the actor has scarcely time to breathe . . .[8]

The plot therefore is to be very brief, but at the same time as varied and complex as possible . . . For when the stage business is done in six or eight hours, it is hardly like the truth to show a storm arising and a ship wrecked in a tract of sea out of sight of land . . .[9]

Moreover, that tragedy which is to send the spectator away satisfied must have one or more turns of fortune. Aristotle calls them " peripeties ". These are situated in the fortunes or counsels of men. In this way unknown characters and places are recognized by chance, either by marks or omens or oracles . . . A turn of fortune of this kind is always either unhappy or connected with some misfortune. The joy of the wicked is turned into grief, the sadness of the good into joy, but with some peril or actual harm entailing exile, judgement, death or vengeance . . .

The chorus does not always sing, but sometimes all speak, sometimes one alone . . .

In the new comedy, therefore, are marriages and love affairs for the most part ; many rivalries, maidens bought from panders, free or to be found to be of free birth by means of a ring, children's playthings (or tokens) or nurses, by their father, mother, lover or brother, always to the hurt of the pander. But everyone will take from the authors or from the experience of our own lives what he wishes. Comedy differs from tragedy in this also : tragedy takes its matter and its title and its principal names from history, as Agamemnon, Hercules or Hecuba, though it may invent some things ; while comedy invents all its matter and imposes names on its characters according to the nature of the matter, for the most part . . .

(vii) There is nothing in Terence that we would have changed ; for he treats all things with consummate art and is chiefly celebrated for his highly polished style . . .

They say that the *Heautontimorumenos* is a monstrous, gaping and useless comedy, for a whole night forms an interval in it.

At the beginning the characters are looking after supper ; afterwards Chremes says : " It is getting light." And so forsooth the night has gone. Such is the objection of these men, which we refute thus : the play was presented and acted at the Megalensian games. One half of the play, therefore, was acted in the evening, the night was spent in the festivities, the other half acted in the morning. This one play is thus, so to speak, two ; a thing which, while proclaimed by the herald by order of the aediles, the poet himself also promised in his prologue, in the following verse :

A double play which is made out of a single plot.[10]

(viii) The same person gives in all two parts of tragedy : " desis ", that is the composition, or, if you like to put it so, the tying-together, as it were in bundles ; and " lusis ", that is the untying or unfolding of the entangled matters which comes in the ending. Later writers called this the catastrophe. The bridging-over which connects these two parts is called the " metabasis ", that is the transition . : .

[1] In Old Comedy, the " epirrhema " was a speech, commonly in trochaic tetrameter, spoken by the " choruphaios " (here called the " choragus ") after the parabasis, e.g. Aristophanes, *Clouds*, 575, etc. One of the originalities of Plautus was to introduce into his comedies " cantica " based on contemporary Greek lyric verse. The *Curculio* is of peculiar interest in this respect.

[2] The introduction of the " catastasis " into the essential parts of the play is certainly a departure from the normal division, following Donatus, into protasis, epitasis and catastrophe. By it Scaliger seems to mean that part of the plot between the epitasis (the complication of circumstances) and the catastrophe (understood as the *dénouement* or solution of these difficulties, whether by comic or tragic means), which is thus the part of highest tension.

[3] I.e. a part undertaken by one person.

[4] For these terms see the Latin text and also the extracts from Donatus.

[5] I.e. in tragedy and comedy respectively.

[6] I.e. of the exposition and development.

[7] It is surprising to find messengers included among rarities in tragedy ; the rôle of the messenger in Greek tragedy is one of the greatest importance to the conduct and structure of the play.

[8] Note this statement of the principle of the unity of place.

[9] The words " scenicum negotium totum sex octoue horis peragatur " are often detached from their context and quoted as evidence of Scaliger's strict formulation of the unity of time. The effect of the whole passage, it will readily be realized, is very different.

[10] This explanation is more ingenious than convincing.   It may be interpreted either as a sign that Scaliger was not the unbending doctrinaire of the unities that he is generally made out to be, or as evidence that, in his desire to absolve so important a writer and model as Terence from an accusation of breach of the unities, he was prepared to go to any lengths !

SHORT BIBLIOGRAPHY

Editions of texts and some critical works on the authors quoted are given in the notes on the extracts and are not repeated here. A more extensive bibliography will be found in G. Lanson, *Mànuel bibliographique*, Paris, 1921, esp. pp. 220–36, 1577–9.

I. (*a*) *The Theatre in General*:

G. Bapst, *Essai sur l'histoire du théâtre*, Paris, 1893. To be read with caution.

E. Rigal, chapter vi of Petit de Julleville, *Histoire de la langue et de la littérature française*, Paris, 1897, Vol. III.

Petit de Julleville, *Le théâtre en France*, Paris, 1897.

J. E. Spingarn, *Literary Criticism in the Renaissance*, New York, 1899.

E. Rigal, *Le théâtre français avant la période classique*, Paris, 1901.

G. Saintsbury, *A History of Criticism and Literary Taste*, London, 1902, and later editions.

A. Tilley, *The Literature of the French Renaissance*, Cambridge, 1904. Esp. Vol. II, ch. xix, pp. 70–120 : " The Renaissance Theatre " ; good firm outlines.

E. Rigal, *De Jodelle à Molière*, Paris, 1911.

M. Michon, *Etudes sur le théâtre français et italien de la Renaissance*, Paris, 1923.

H. Carrington Lancaster, *A History of French Dramatic Literature in the Seventeenth Century*, Baltimore, 1929, and ff. Esp. Part I, ch. i, for " General characteristics of dramatic literature in the reign of Henri IV ".

R. Lebègue, " L'influence du théâtre néo-latin sur le théâtre sérieux en langue française ", *Bull. Internat. Com. Hist. Sci.*, x, pp. 626 and ff.

W. F. Paterson, *Three Centuries of French Poetic Theory*, Ann Arbor (Un. of Michigan Press), 1935. Esp. pp. 615–37 for excellent account of Scaliger's *Poetices*.

(*b*) *Some Special Aspects*:

E. Boysse, *Le théâtre des Jésuites*, Paris, 1880. Esp. chs. i and ii.

A. Baschet, *Les comédiens italiens à la cour de France etc.*, Paris, 1882.

L. V. Gofflot, *Le théâtre au collège du moyen âge à nos jours*, Paris, 1907. Esp. chs. i–iii.

G. Cohen, *Le livre de conduite du régisseur (1510)*, Paris, 1926.

H. W. Lawton, "Charles Estienne et le théâtre", *Rev. du XVIe siècle*, XIV, 1927, pp. 336 and ff.

T. W. Baldwin, *Shakspere's Five-Act Structure*, Univ. of Illinois Press, 1947. Detailed discussion of development of act-division and structure ; much attention to Terence, Donatus and later commentators.

II. *Tragedy :*

E. Faguet, *La tragédie en France au XVIe siècle*, Paris, 1883. To be read with caution, especially the supposed dates of performances.

G. Lanson, "Etudes sur les origines de la tragédie classique en France", *Rev. de l'hist. litt. de la France*, (hereafter noted as *RHLF*), 1903, pp. 177 and ff., 413 and ff.

G. Lanson, "L'idée de la tragédie en France avant Jodelle", *RHLF*, 1904, pp. 541 and ff.

J. Haraszti, communication in *RHLF*, 1904, pp. 680 and ff.

E. Rigal, "La mise en scène dans les tragédies du XVIe siècle", *RHLF*, 1905, pp. 1 and ff., 203 and ff. (Also in *De Jodelle à Molière*, pp. 31 and ff.)

R. Sturel, "Essai sur les traductions du théâtre grec en français avant 1500", *RHLF*, 1913, pp. 269 and ff., 637 and ff.

G. Lanson, *Esquisse d'une histoire de la tragédie en France*, New York, 1920. A work of capital importance.

R. Lebègue, *La tragédie religieuse en France : les débuts (1514–1573)*, Paris, 1929. A very important work.

K. Loukovitch, *L'évolution de la tragédie religieuse classique en France*, Paris, 1933. Important, esp. chs. i and ii.

N. C. Giddings, *The Chorus in French Tragedy from Jodelle to Voltaire*, Harvard, 1938.

H. W. Lawton, "The Confidant in and before French Classical Tragedy", *Modern Language Review*, 1943, pp. 18 and ff.

R. Lebègue, *La tragédie française de la Renaissance*, Brussels, Lebègue, 1944. Very useful short treatment.

H. B. Charlton, *The Senecan Tradition in Renaissance Tragedy*, Manchester U.P., 1946. (Re-issue of Essay published in 1921.) Essential for understanding the development of dramatic practice as distinct from theory and for the comparison of Italian, French and English tragedy.

III. *Comedy :*

E. Chasles, *La comédie en France au XVIe siècle*, Paris, 1862. Still remarkably useful.

P. Toldo, "La comédie française de la Renaissance ", *RHLF*, 1897, pp. 366 and ff. ; 1899, pp. 220 and ff., 554 and ff.

E. Martinenche, *La comédie espagnole en France de Hardy à Racine*, Paris, 1900. Excellent introduction ; esp. pp. 26–37, 39, 42.

E. Lintilhac, *Histoire générale du théâtre en France*, esp. Vol. II, Paris, 1906. Excellent work.

P. Kohler, *L'esprit classique et la comédie*, Paris, 1925.

H. W. Lawton, *Térence en France au XVIe siècle*, Paris, 1926. For diffusion of editions and translations, commentaries, etc.

F. Gaiffe, "L'évolution du comique sur la scène française ", *Rev. des Cours et Conf.*, 1930–1. Or *Le rire et la scène française*, Paris, 1931.

M. Delcourt, *La tradition des comiques anciens en France avant Molière*, Liége and Paris, 1934. Sweeping treatment, needing some reservations.

K. M. Lea, *Italian popular comedy : a study in the Commedia dell'Arte, 1560–1620*, Oxford, 1934.

F. Görschen, "Die Geizkomödie im französischen Schrifttum ", *Germ.-rom. Monatschr.*, Jahrg. 25, Hft. 5–6, 1937.

E. Winkler, *Zur Geschichte des Beriffs " Comédie " in Frankreich*, Heidelberg, 1937–8. (Sitzungsber. d. Heid. Akad. der Wissensch.)

IV. *Mixed and Decadent Genres :*

Abbé d'Aubignac, *Pratique du théâtre*, ed. P. Martino, Paris, 1927. Esp. Livre II, ch. x, for seventeenth-century view of tragi-comedy.

J. Marsan, *La pastorale dramatique en France à la fin du XVIe et au commencement du XVIIe siècle*, Paris, 1905. Esp. chs. i–iv.

H. Carrington Lancaster, *The French Tragi-comedy. Its origins and development from 1552 to 1628*, Baltimore, 1907. Esp. introduction, pp. ix–xxiv, and chs. i. and ii.

E. Gros, "Les origines de la tragédie lyrique ", *RHLF*, 1928, pp. 161 and ff.

H. W. Lawton, "Note sur le décor scénique ", *Rev. du XVIe siècle*, 1928, pp. 161 and ff.

R. Lebègue, "La tragédie ' shakespearienne ' en France au temps de Shakespeare ", *Rev. des Cours et Conf.*, 1937–8.